カラー版

王室外交物語

紀元前14世紀から現代まで

君塚直隆

光文社新書

はじめに——王室外交とは何か

即位礼正殿の儀に集まった各国の貴顕（2019 年 10 月）

一九一ヵ国の貴顕に見守られ

二〇一九（令和元）年一〇月二二日、皇居正殿「松の間」で徳仁《なるひと》天皇の「即位礼正殿《そくいれいせいでん》の儀《ぎ》」が厳かに執《と》り行われた。中庭を挟んで「松の間」の反対側に位置する宮殿「長和殿《ちょうわでん》」では、色とりどりの勲章を身につけた貴顕《きけん》たちが、古式ゆかしい即位礼をじっと見つめていた。彼らはこの日のために海外から集まった、世界各国の元首や元首級の首脳たちである。

在位半世紀を超えるブルネイのボルキア国王（在位一九六七年〜）を筆頭に、スウェーデンのカール一六世グスタヴ国王（在位一九七三年〜）、さらにイギリスのチャールズ皇太子など、各国の主要な王族たちも一堂に会していた。共和制を採る国々からは大統領が直々に参列するケースも多かった。

この日、即位礼に招待を受けたのは一九一ヵ国と二つの国際機関の代表たちであった。二〇二一年現在の国連（国際連合）加盟国は一九三ヵ国であるが、まさに地球のほとんどの国から駆けつけてくれたことになる。こののち、彼らは同日夕刻から宮殿「豊明殿《ほうめいでん》」で行われた「饗宴《きょうえん》の儀《ぎ》」に出席し、贅《ぜい》をこらした日本料理に舌鼓《したつづみ》を打ちながら、新天皇の即位をあらためて祝福したのである。

なぜこれだけの貴顕が世界中から集まったのであろうか。二一世紀の今日《こんにち》、世界で最も長

饗宴の儀（2019年10月）

い伝統に包まれた日本の皇室に敬意を表するという意味もあるであろう。さらに第二次世界大戦後の日本が、七〇年以上にわたって築いてきた各国との友好関係も影響しているのかもしれない。

　しかしそれ以上に重みを持ったのが、徳仁天皇自身の「外交歴」にあったのではないだろうか。

　徳仁天皇（一九六〇年生まれ）は、大学を卒業された一九八二（昭和五七）年秋に親善のためにブラジルを訪れられて以来、「お立ち寄り」も含めれば、四八回もの外遊を経験している。訪問した国はのべで九七ヵ国にも及ぶ。またこの間、昭和〜平成の時代に国賓や公賓として来日した各国の貴顕らの接遇にも、祖父の昭和天皇（在位一九二六〜八九年）や父の明仁《あきひと》天皇（在位一九八九〜二〇一九年）とともに携わってきた。

また近年では、オランダのウィレム＝アレクサンダー国王（在位二〇一三年〜）の即位式やスペインのフェリーペ六世（在位二〇一四年〜）夫妻の結婚式（二〇〇四年）にも出席されている。両国王は王妃を伴い、このたびの即位礼にもいの一番に駆けつけてくれた。すなわち、これまでに徳仁天皇自身が築き上げた世界中の首脳たちとの「絆」が、このたびの即位礼にこれだけの貴顕が集まってくれた大きな要因となっているのである。

皇室の国際親善

海外を公式に訪問した初めての天皇は、徳仁天皇の祖父である昭和天皇だった。皇太子時代の一九二一（大正一〇）年にはヨーロッパ各国を歴訪していたが、天皇としてもちょうど半世紀後の一九七一（昭和四六）年に同じくヨーロッパを訪れ、さらに七五（昭和五〇）年にはアメリカ合衆国も公式訪問した。

そして次代の明仁天皇は、一九五三（昭和二八）年六月に行われたイギリスのエリザベス二世（在位一九五二年〜）の戴冠式に出席し、その後西ヨーロッパ諸国を訪れて、帰路にはアメリカを訪問したのを皮切りに、まさに世界中を旅した。

美智子妃と結婚されてからも、その翌年の一九六〇（昭和三五）年秋に「日米修好一〇〇周年」を記念して、夫妻でアメリカを訪れ、当時のアイゼンハワー大統領から大歓迎を受けている。それからの三〇年近くの間に、皇太子夫妻は二二回の外遊でのべにして実に六六ヵ国も訪れた。

明仁天皇（当時）のタイ訪問（2017年3月）

さらに天皇に即位してからは、一九九一（平成三）年にタイやマレーシアを廻られてから、二〇一七(平成二九)年のヴェトナム訪問まで、二〇回の外遊でのべにして四七ヵ国を訪れている。特に最後の外遊では、ヴェトナムからの帰路にタイに立ち寄り、その前年秋に崩御《ほうぎょ》した長年の親友ラーマ九世国王（在位一九四六〜二〇一六年）の弔問に訪れた。

皇室の「外交」については第五章で詳しく論ずるが、実は天皇皇后や皇族による海外への訪問等は、「外交」とは言わずに「国際親善」と表現されている。

宮内庁が公式に定義する「国際親善」とは、「天皇・皇族の外国ご訪問をはじめ、賓客《ひんきゃく》として訪れる外国の国王・王族・大統領などのご接遇、その他来訪の外国要人などのご引見、外国元首とのご親書やご親電の交換、外国の慶弔に際してのご名代等のご差遣《さけん》、在日外交団の接遇など」多岐に及んでいる。

日本国憲法が定める天皇の国事行為にも含まれているが、日本に赴任した新任の大使が信任状を携えてやってくるのも、霞が関の外務省にある外務大臣執務室ではなく、まさに「即位礼正殿の儀」が執り行われた宮殿「松の間」であり、ここで各国大使から天皇への信任状捧呈式《ほうていしき》が行われているのである。

しかし、これら天皇による一連の接遇や儀式のあり方を見れば、いずれも各国の元首らが執り行う「外交」に寸分違《たが》わぬものであることに、読者も気がつかれるであろう。

外交とは何か

それでは、そもそも「外交」とは何なのか。イギリスの外交官で歴史家でもあったハロルド・ニコルソン（一八八六〜一九六八）の名著でその名もずばり『外交』（一九三九年）によれば、「外交とは、交渉による国際関係の処理であり、大公使によってこれらの関係が調整され処理される方法であり、外交官の職務あるいは技術である」。

英語で外交はdiplomacyという。この言葉の語源は、ギリシャ語の動詞diplounに由来し、「折りたたむ」ことを意味する。古代ローマ帝国の時代に、皇帝の名代として各地で交渉にあたる際、すべての通行券、帝国道路の旅券および運送状は二重の金属板に捺印《なついん》され、折りたたまれ、特別な仕方で縫い合わされていた。いつしかこれらの金属旅券がdiplomaと呼ばれ、diplomaを携えて交渉にあたる人々はdiplomat（外交官）と称された。そして彼らの行為は全般的にdiplomacy（外交）となったのである。

ただし、実際に今日でいう「外交」という意味でdiplomacyが一般的に使われるようになったのは、古代ローマ帝国の時代からではない。それから一五〇〇年以上も経過した、近代になってからのことなのだ。第三章で見ていくように、近代ヨーロッパ外交をリードしたフランスでも、フランス学士院内のアカデミー・フランセーズが編纂《へんさん》する最も権威のあるフランス語の辞書のなかに「外交（diplomatie）」という用語が登場するのは、なんと一七九八年になってからのことだった。その九年前にはフランス革命が勃発し、この翌年（一七九九年）には、かのナポレオン・ボナパルト（一七六九〜一八二一）がクーデタで全権を掌握することになる、といった程度の「最近の話」にすぎないのである。

フランスに限らず、ヨーロッパ全体でもdiplomacyやdiplomaticといった言葉が、今日使われているような「外交」という意味で定着するのは、一七八〇年代から一八〇〇年の間ぐらいのことであった。武力紛争を避けるための平和的な手段としての「外交」という考え方は、ヨーロッパにおいても中世や近世においてはまだ確立してはいなかった。

第二章で見るように、中世末期のイタリアで今日に連なる「大使」や「大使館」が登場はするものの、近世までのヨーロッパ国際政治においては、「外交」とはこうした公式な存在とは別に、家族間や友人間といった非公式なネットワークによっても担われており、まさに多重層的で複雑なものだった。もちろん家族や友人といっても市井《しせい》の人々ではない。中世から近代までのヨーロッパ外交の担い手は、様々な血脈や人脈でつながっていた各国の王侯貴族たちだったのである。

二一世紀の現代世界に普通に見られる「外交」の直接的な起源は、近代のヨーロッパにあった。それではこの「外交」という概念が日本に入ってきたのはいつ頃のことなのか。

そもそも前近代の東アジア世界では、漢字で書く「外交」という言葉はマイナスのイメージでとらえられていたようである。第二章でも述べるが、秦漢以降に中国が「帝国」を形成してからは、「朝貢《ちょうこう》（周辺の異民族が皇帝に対して形式的に服従する）」や「冊封《さくほう》（皇帝から封禄《ほうろく》や爵位を与えられる）」によって周辺の国々と結ばれる関係が築かれ、これは西欧でいう diplomacy という意味での「外交」とは明らかに異なっていた。むしろ中華の皇帝とこのような関係で結ばれた周辺の王侯らが、皇帝に無断で「外と交わること（外交）」は皇帝に対する裏切りを意味した。

「外交」という漢語が、diplomacy の訳語として登場するようになったのは実は日本においてであった。ペリー来航（一八五三年）により、欧米列強と様々な交渉を本格化していった近代日本に「外国事務掛《がかり》」が登場し（一八六八年）、それが翌六九（明治二）年に「外務省」に改名され、ここで取り扱われる「外国交際」を略して「外交」と称するようになったわけである。「外交」はやがて、同じく欧米列強から圧力を受けるようになっていた清王朝下の中華帝国や李王朝下の朝鮮にも、古代とは異なる意味で採用されていく。

現代における王室外交

いずれにせよ今日の「外交」の起源は、アジア諸国やアフリカ、アメリカ大陸ではなく、近代ヨーロッパ世界に見いだすことができる。なぜヨーロッパなどよりも古くから文明の栄えた地域ではなく、ヨーロッパが「外交」の牽引《けんいん》役となったのか。

その点は第二章以下で詳述することにするが、先にも紹介したとおり、近代的な意味での「外交」が形成されていく過程で絶大な役割を果たしたのが、ヨーロッパの政治・経済・社会・文化のすべてを席巻《せっけん》した王侯貴族たちであった。一六世紀半ばまでは王侯自身によって担われていた「外交」も、一七世紀半ばまでには王侯の代理人としての外交官らに徐々に委《ゆだ》ねられていく。彼らの大半はもちろん貴族階級の出身であった。こうした状況は紆《う》余《よ》曲折《きょくせつ》を経ながらも、二〇世紀初頭まで続いた。

しかし二〇世紀前半に二度にわたって生じた世界大戦の後には、それまでのヨーロッパを支配した貴族政治は、選挙権や被選挙権を新たにつかんだ中産階級や労働者階級の人々が主な担い手となる大衆民主政治へと大きく転換する。それと同時に、それまでのヨーロッパ国際政治を主導した帝国や王国が次々と姿を消していった。それはヨーロッパだけにとどまらない。第二次世界大戦後には、アジアやアフリカ各地でも次々と皇帝や国王たちが追い落とされ、人民が選挙で選ぶ大統領によって統治される共和国へと姿を変えた。

二一世紀の現在、世界には（日本も含めて）君主国は二八ヵ国しかなくなってしまった。今からたかだか一〇〇年ほど前には、アメリカ合衆国以南の南北アメリカ大陸を除き、世界の大半が皇帝や国王、女王らが治める君主国とその植民地であったにもかかわらず。

それでは、世襲の君主によって国家元首が代々受け継がれる「君主制」は、いずれ人類の歴史からも姿を消す運命にあるのだろうか。

地球上の大半の国々が「共和制」を採《と》り、イギリスの君主が元首を兼ねる「英連邦王国」（カナダ、オーストラリア、ニュージーランドなど一五ヵ国）を含めたとしても、国連加盟国の五分の一程度にすぎなくなった「君主制」の国々は、遅かれ早かれ「共和制」へと移行する運命にあるのだろうか。

実は、世界に現存する君主国のなかでも特にヨーロッパに残る一〇ヵ国のうち八ヵ国は、君主制が国民統合の象徴の役割を果たすだけではなく、新たな全地球的課題に対してもいち早く動き、国民にとっての支柱的な存在になっているのである。

二一世紀の今日において、もはや全地球的な共通理念となりつつあるのが、「民主政治(democracy)」と「人権 (human rights)」を保障できない政府は、君主制であれ共和制であれ、人民によって倒壊されるという現実である。実際に、第二次世界大戦後に君主制が倒された、エジプト（一九五三年）、チュニジア（五七年）、イラク（五八年）、イエメン（六二年）、リビア（六九年）、エチオピア（七四年）、イラン（七九年）、ネパール（二〇〇八年）といった国々は、民主政治や人権を無視した「暴君」たちが、民衆や彼らから支持された軍部によるクーデタや革命によって追い出された事例である。

また皮肉なことに、このうちのエジプト、チュニジア、イエメン、リビアなどは、こうした革命で暴君を打ち倒したものの、いつしか国民の心を忘れた長年の腐敗政治の結果、今度は自身が「暴君」と化した独裁者たちが、二〇一〇～一二年の間に生じた、俗に「アラブの春」と呼ばれた一連の民衆運動によって倒されたのであった。

その点でも、今日に残るヨーロッパの王室は、民主政治と人権の擁護者であるばかりか、社会が極端に右傾化し、「ポピュリズム」とも呼ばれる自国や多数派民族、多数派文化を優先するような政治傾向にあるなかで、国内で均衡を保つ重要な存在にもなっている。ＬＧＢＴへの理解をいち早く示したオランダもベルギーも「王国」である。多文化共生社会の実現をめざそうとするノルウェー、スウェーデン、デンマークのいずれもが「王国」である。これら北欧三国はまた、第二次世界大戦後にいち早く社会福祉国家へと舵《かじ》を切った国々であり、これらの動きに君主や王室が深く関わっているのだ。

　こうしたヨーロッパ王室の頂点にあるのがイギリス王室であり、それを戦後七〇年近くにわたって支えてきたのがエリザベス二世である。彼女もまた、国民統合の象徴であり、国家の支柱となっている。二〇二〇年に新型コロナウイルスが世界を席巻《せっけん》し、ロンドンをはじめイギリス中がロックダウンとなったとき、国民に向けて団結と希望を訴えるテレビ・メッセージを送った女王の姿は、読者の記憶にも新しいのではないだろうか。

本書のねらい

　そのエリザベス女王も在位六九年の間に、一三〇回も外遊を行い、訪れた国の数は一二八を数える。のべで計算すれば、非公式な訪問も含め、三五〇ヵ国を超すことになる。まさにイギリスの「王室外交」を体現する存在なのだ。

　しかし同じく「エリザベス女王」ではあっても、今から四〇〇年ほど前に君臨したエリザベス一世（在位一五五八～一六〇三年）の時代には、イングランドなど弱小国にすぎず、ヨーロッパ国際政治のなかで自国の防衛に汲々《きゅうきゅう》としていたのが現実であった。

　それが一九世紀のヴィクトリア女王（在位一八三七～一九〇一年）の治世に最盛期を迎え、

「大英帝国」と呼ばれた時代を経て、二〇世紀の二度の世界大戦の後には、イギリス王室はヨーロッパでも並ぶもののない格付けを誇るようになっていく。

本書は、このイギリスのエリザベス二世が現代国際政治のなかで果たす「王室外交」の意味についても述べていく。しかし、著者は彼女の外交のあり方についてはすでに類書も出しており、本書ではそれとは異なった視点から「王室外交」について論じていきたい。

エリザベス二世がイギリス史上最長の在位を誇ろうが、彼女の君主としての立ち居振る舞いや「外交の技法」などは、彼女ひとりで一朝一夕に築き上げたものではない。そこに至るまでの人類、さらにはヨーロッパの歴史のなかで、「外交」がどのような変化を遂げ、二一世紀のイギリス王室のこのひとりの女王へと結実していったのか、というより大きな視点から本書を描いていきたいのである。

そのために、まずは「外交」が人類の歴史のなかで登場したことが記録として残された今から三五〇〇年前の世界にみなさんをお連れする。その後のギリシャやローマなど古代世界のなかで「外交」がどのような展開を見せていったのかを検証したい（**第一章**）。

次いで、近代以降の「外交」にとっては定番となる、自国（もしくは主君）を代表して相手国に常駐する大使や大使館が現れる一五世紀半ばのイタリア半島へと舞台を移して、近代外交の夜明けについて検討していきたい（**第二章**）。

そして、王侯や貴族らが外交の担い手となった一六世紀以降の、まさに「宮廷外交」の黄金期へと話を移そう。この時代に、二一世紀の今日の「外交」にもつながる、国際会議のあり方、条約の結び方、外交儀礼などが確立していくのである（**第三章**）。

さらに、二〇世紀の二度の大戦を経て、今や世界の「王室外交」の頂点に立つイギリスのエリザベス女王にも、これまでの「外交」のあり方が脈々と受け継がれているとともに、彼女に独特の「外交の技法」がある点なども紹介していきたい（**第四章**）。

最後に、こうしたヨーロッパの「外交」から影響を受けた、明治以降の日本の皇室にも、その時々の情勢に応じた「外交」が立派に存在し、今日のイギリスやヨーロッパの「王室外交」からも大きな示唆を得られるのではないかという点を述べておきたい（**第五章**）。

以上の考察から、一見すると時代遅れの封建時代の遺物とも思われがちな王室や皇室といったものが、二一世紀の現代においてもきわめて重要な意味を持ち、それが特に「外交」の側面において見られることを確認できよう。

それでは、まずはみなさんを紀元前一四世紀の中東世界へとご案内して、「王室外交」の源流と伝統を見ていくことにしよう。

目次

第四章　エリザベス二世の王室外交

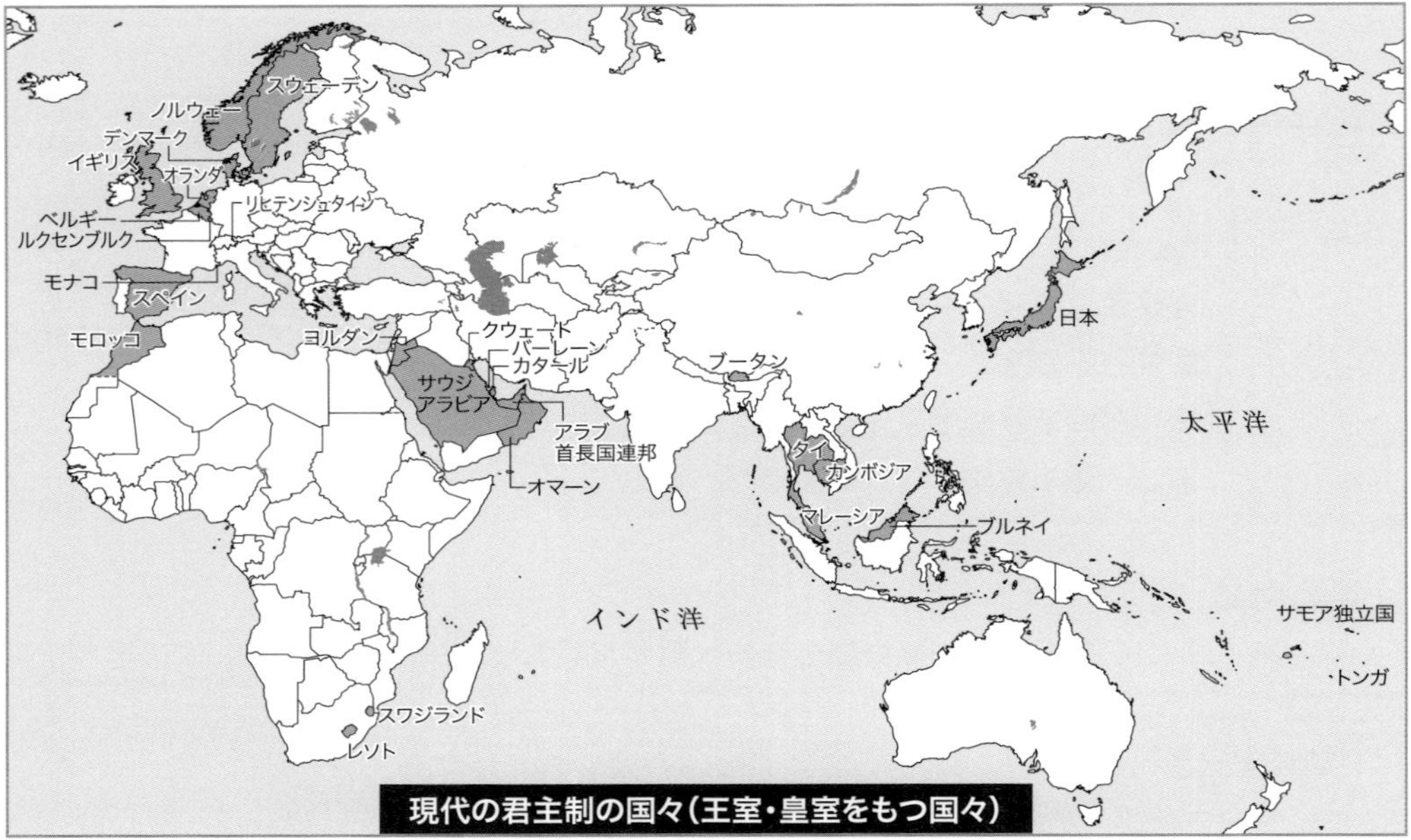

現代の君主制の国々(王室・皇室をもつ国々)

第一章　「外交」のはじまり
――文明揺籃の地から

アッカドのサルゴン大王

世界最古の外交文書

エジプトの首都カイロ。ここからナイル川を遡《さかのぼ》り南に三〇〇キロほどの地点にアマルナという場所がある。今から三五〇〇年前の紀元前一四世紀、ここは古代エジプト王国の都であった。紀元前一三五三年頃に、それまでテーベ（アマルナの南四〇〇キロほどの地）にあった都がここに移されたのである。移転を決意したのは、ときの王《ファラオ》アメンホテプ四世（在位紀元前一三五三～前一三三六年）。のちに「黄金のマスク」などの埋葬品が発見されたことで有名な、かのツタンカーメン王（在位紀元前一三三四～前一三二五年）の父親である。

アマルナが都として栄えたのは、アメンホテプ四世が在位したわずか一七年にすぎず、彼の死後に都は再び移転される。ところがそれから三二〇〇年の時を隔《へだ》てた西暦一八八七年にこの地で大変なものが見つかった。それは三八二枚の粘土板であり、古代中東世界の「共通語」とされたアッカド語（楔形《くさびがた》文字）が記された文書であった。こののち考古学者によって詳細な研究がなされ、それは一九九二年にハーヴァード大学教授のウィリアム・モラン（一九二一～二〇〇〇）により『アマルナ文書』として書物にまとめられた。

同書によれば、この粘土板は古代エジプトの王たちが、周辺の属国はもとより、はるかかなたに位置するヒッタイト王国（現在のトルコ中央部）、ミタンニ王国（現在のトルコ東部、シリア）、バビロニア王国（現在のイラク南部）、アッシリア王国（現在のイラク北部）といった大国の王たちともやりとりした「外交文書」も多く含まれていたのである。文書が書かれたのは紀元前一四六〇年から前一二二〇年の間と二四〇年ほどにまたがっているが、まさに現存する世界最古の外交文書といっていいだろう。

アメンホテプ4世

　アッカド語とは、これよりさらに一〇〇〇年さかのぼる紀元前二四世紀に現在のサウジアラビアとイランの間に築かれたアッカド帝国で使用されていた言語である。世界史上で最も早くに登場する個人の名前は、この帝国を創始したサルゴン大王（在位紀元前二三三四頃〜前二二七九年頃）であろう。帝国はおよそ一八〇年で滅びてしまったが、アッカド滅亡後もその後裔《こうえい》というべきバビロニアとアッシリアでは、アッカド語が公用語として使われ、それはミタンニ、ヒッタイト、エジプトにも広まっていたようである。

　アマルナ文書より若干年代が下るが、紀

元前一三世紀には殷《いん》王朝後期の中国で甲骨《こうこつ》文字が現れている。その名のとおり、亀の甲羅や動物の骨などに刻まれた文字である。当時の中国の王や貴族たちが主宰した占いの儀式で使われ、殷王朝の中枢部に関する様々な情報を含んでいると同時に、文字そのものはのちの漢字の起源となった。

ただし甲骨占卜《せんぼく》は「戦争」での勝敗などを占う際には用いられたが、敵対勢力との交渉、すなわち「外交」に用いられることはなかったので、殷王朝の中国がどのような条件で敵と停戦にいたったのかといったことはわからない。その意味でもアマルナ文書は外交文書としてはきわめて貴重な古代史料であることがわかるであろう。

対等の関係で結ばれた「兄弟」

それではアマルナ文書には具体的にどのようなことが記されていたのだろうか。簡潔にいえば、五大国の間で見られた王朝間の結婚、高価な贈り物の交換、定期的な使節の派遣といったことである。そしてここで注目しなければならないことは、五大国の間には上下関係はなく、彼らはあくまでも「対等」な関係で結ばれていたことである。

これからの本書のキーワードとなることであるが、外交を結ぶにあたって最も重要なのは

エジプトと四大国（紀元前14世紀）

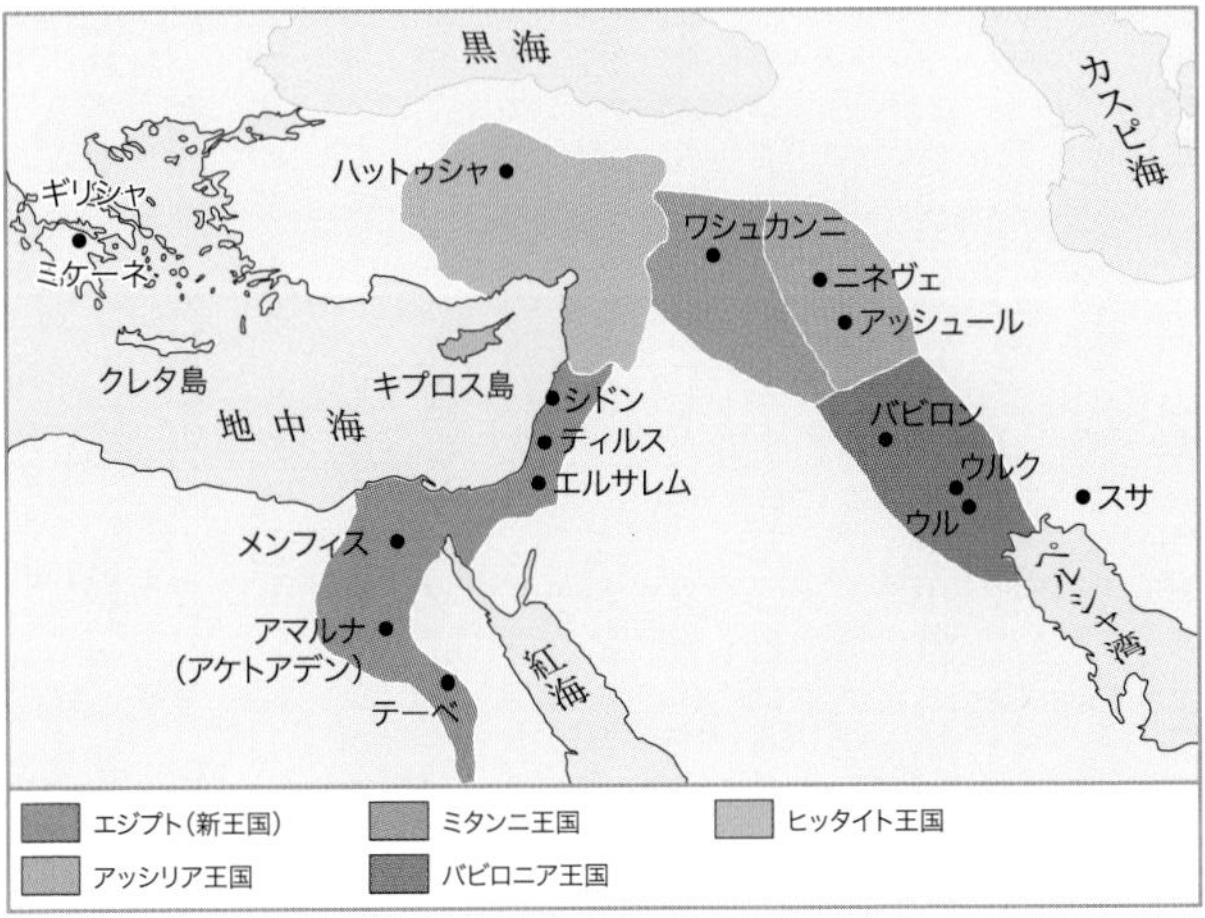

お互いが「対等」な関係にあり、それをお互いが認め合っていることである。中央に強大な大国がありその周辺に属国が散らばっている、という状況では「外交」は生まれない。あとで紹介するとおり、そこには「朝貢《ちょうこう》」や「冊封《さくほう》」といった主従関係もしくは上下関係に基づく結びつきしか生まれないのである。

確かにこの五大国のなかで頭ひとつ抜きんでていた存在はエジプトであろう。アマルナ文書が書かれた当時のエジプトは第一八王朝（紀元前一五七〇～前一二九三年）の時代であり、首都テーベ（現在のルクソール）には今も残る数々の巨大な建造物が築かれ、幾多の遠征でカナン（現在のヨルダン、イスラエル、パレスチナ）、ダマスカス（現在の南西シリア）、アムル（現在の北西シリアと北レバノン）といった地域まで属国に置いていた。

　それでもエジプトは中東世界で「覇権（hegemony）」を握ろうなどとは思ってもいなかった。紀元前一四世紀当時の兵站学《へいたんがく》（logistics）をもってしては、そのようなことなど不可能だったのである。なにせお互いに二〇〇〇キロも離れた地域である。かなり速い行程で向かったとしても、エジプトからワシュカンニ（ミタンニの都）に到着するには一ヵ月以上はかかったし、さらに遠いヒッタイトやバビロニアともなれば一ヵ月半は要したのだ。

　アマルナ文書の時代には、エジプトはこれら周辺の大国と政治的にも軍事的にも「共存」する道を選んだのであり、ここに「外交」も生まれたわけである。エジプトがもし「覇権」の道を選んでいたとしたら、文書に書かれた文字はアッカド語ではなく、古代エジプト文字のヒエログリフになっていたことだろう。

　このアマルナ文書のなかで、五大国の王たちはお互いを「わが兄弟（アッカド語でahi）」と呼び合っている。エジプト王は、属国の王たちに対してそのような表現は使わないが、四大国の王たちへの書簡はいつも「わが兄弟」で始まっていた。

　エジプト以外の四大国のなかで最も遅くに台頭したのはアッシリアだった。紀元前一三四〇年頃にヒッタイト王シュッピルリウマ一世（在位紀元前一三四四～前一三二七年）が弱体化しつつあったミタンニを攻撃し、これに呼応するかたちでときのアッシリア王アッシュール・ウバリト一世（在位紀元前一三六五～前一三三〇年）がミタンニへの攻撃を開始した。それまでミタンニの属国的な立場にあったアッシリアはこのときの勝利で完全に独立した存在となり、王はすぐにアメンホテプ四世に使節を送り、書簡の出だしで「わが兄弟」とファラオに呼びかけ、馬や壮麗な馬車、ラピスラズリなどの贈り物を届けた。

アマルナ文書

　それ以前には「アッシリアごとき」の王が、エジプト王に贈り物や書簡など送ることは許されなかったが、アメンホテプ四世はこれを喜んで受け入れ、アッシリアはここに大国の仲間入りを果たしたわけである。

　対等の関係で結ばれた王侯がお互いを「わが兄弟」と呼ぶ習慣は、実は近代ヨーロッパにもそのまま引き継がれていく。たとえば一八五二年一二月に、それまで第二共和政大統領であったルイ・ナポレオンがクーデタの後に「ナポレオン三世

（在位一八五二〜七〇年）」としてフランス皇帝に収まった。このときロシア皇帝は、彼を「帝位簒奪《さんだつ》者」扱いして、ナポレオンへの書簡は「わが良き友（Mon cher Ami）」のままでいいと主張したのだが、イギリスのヴィクトリア女王が「わが兄弟（My Brother）」と記した書簡をナポレオンにしたため、他の大国の王侯もこれに従うことになったのである。

ファラオとの縁組

古代エジプトの王が四大国の王たちに許した呼びかけは「わが兄弟」だけではなかった。アッカド語で「王」はsarruと呼ばれていた。かのサルゴン大王に由来する呼称である。エジプトでは古来から王には「大きな家」という意味に起源を持つPharaohという呼称が使われていたが、アメンホテプ四世も書簡のなかでヒッタイトやアッシリアの王が自分をsarruと呼ぶことを許していた。

ただし周辺の属国の王たちがsarruと呼びかけてくることは、エジプト王たちも決して許さなかった。実は、ファラオたちも外国の王（大国も含めて）など所詮《しょせん》は「公（prince）」や「首長（chief）」程度の存在にすぎず、この世で人間といえるのはエジプト人だけで、それ以外は人間ではないと考えていたようである。心の内では「神の化身」ともいうべきファラオこそが最高と考えていたのだ。ただし外国への書簡のなかではそのようなことはおくびにも出さなかった。エジプト王は「外交」の面でも実にしたたかだったといえよう。彼らの感覚からすれば、能力の劣った外国人がエジプトの言語を学ぶよりも、より優れたエジプト人が下等な連中の言語を学ぶほうが手っ取り早いと考えられたようである。

こうしたエジプト王たちの隠れた「上から目線」の姿勢は、実は外交の面では隠されることがなかった。先述したとおり、当時の外交文書の主立った内容は、①王朝間の結婚、②高価な贈り物の交換、③定期的な外交使節の派遣、という三つであった。

まずは結婚問題である。古代の中東地域にはすでに「政略結婚（diplomatic marriage）」は普通に見られる現象となっていた。エジプト王にとっても、結婚による強国との同盟は金銀より価値があるといわれていたほどである。ただしエジプトにはこだわりがあった。ファラオたちは自分の娘を外国に嫁がせることは絶対にしなかった。それはエジプト王の面目を失う行為にあたるとの観念があったからである。

それと同時に、劣等な外国王の娘を自身に嫁がせることで、偉大なるエジプトの王妃という高みにまで昇らせてやろうという「上から目線」の考え方も見られた。しかしなんといっても当時のエジプトは「覇権」こそ握ってはいなかったが、文化的にも経済的にも軍事的にも中東世界の中心といえた。アマルナ文書が書かれた紀元前一四世紀には、外国の諸王はこぞって自身の娘をエジプト王に嫁がせ、ファラオと姻戚関係で結ばれていく。

ミタンニのトゥシュラッタ王（在位紀元前一三八〇〜前一三五〇年）は、妹をアメンホテプ三世（四世の父：在位紀元前一三八六〜前一三五三年頃）に嫁がせ、名実ともに彼を「わが兄弟」と呼んでいた。それと同時に、自国もしくはエジプトが外敵から襲われたときには、相互に防衛協力することまでこの結婚を機に約束されていくのである。

黄金が塵芥と同じぐらい豊富に……

次に高価な贈り物の交換である。五大国の間には、もちろんのことながら「通商」関係も見られた。しかし「外交」の面で重要となるのが、王同士の間に見られた贈り物の交換（アッカド語で sulmanu と呼ばれた）であった。

黄金を詰めた袋、きらびやかな衣服、贅《ぜい》をこらした調度品、宝石類、香水、高価な木材、奴隷、駿馬《しゅんめ》、軍用の馬車などが、同盟の証《あかし》として相互に贈られた。

こうした贈り物の交換は何も古代に限られたことではない。本書でこれから見ていくとおり、古代から現代に至るまで世界各地で見られる「外交慣例」となっていくのである。それは二一世紀の今日《こんにち》も変わらず、この日本でも天皇が国賓として海外を訪れたり、逆に海外から国賓が来日する際には、必ず双方の技術の粋《すい》を結集した「名産品」が交換されている。日本の場合では、有田焼や九谷焼の陶磁器や西陣などの織物がよく使われている。

　しかし古代中東世界においては、大国同士で贈り物が交換されることによって外交関係が始まると同時に、通商関係も始められ、同地での共存体制の維持にとって贈り物の交換はきわめて重要な意味を持っていたのである。

　なかでも際立っていたのがエジプトが各国に贈る黄金であった。ナイル川上流域のスーダンやエチオピアには豊富な金鉱脈があり、「エジプトには黄金が塵芥《じんかい》と同じぐらい豊富にある」という諺《ことわざ》まで当時の中東にはあったくらいである。エジプトから贈られる黄金は、周辺各国にとっても垂涎《すいぜん》の的であった。

　ところがそれは他方で「外交問題」の火種にもなりえたのだ。後代のアッシリア王などは、エジプト王から贈られてきた黄金の量が「先代や先々代より少ない」との不満の書簡を同時代のエジプトに送りつけるようなこともあった。

　ミタンニのトゥシュラッタ王の怒りはもっと深刻だった。先述のように、妹をアメンホテプ三世に嫁がせていた王は、この血縁関係によりエジプトとの結びつきを強めていたが、フアラオが亡くなり息子のアメンホテプ四世の時代になると、エジプト＝ミタンニ関係が途端に冷え込んでしまうのである。それは贈り物にも即座に反映された。

かつてアメンホテプ三世は、トゥシュラッタと妹（すなわち自身の妃）をかたどった像を贈り物としてミタンニに贈った。アメンホテプ四世もこれに倣《なら》って同じ彫像を贈ってきたのだが、「ものが違った」のだ。三世の時代にそれは金無垢《きんむく》でできていたのに、四世になると木彫に金張《きんば》りを施したものに変わっていた。これに激怒したミタンニ王はエジプトに抗議の書簡を送ってきた。先代と当代とで贈り物が変わり、しかも当代のほうが先代より格を下げていれば、それはまさに「外交問題」に発展したわけである。

その点は近現代になってからも変わらない。先代のときには授与された最高位の勲章を、当代になってから急に授与しなくなったともなれば、それは深刻な問題になりえたのだ。実際に一九世紀後半にそのような事態がイギリスで起こりそうになったことがある。

外交使節団の存在

そしてアマルナ文書に見られた外交慣例の三つめが、定期的な外交使節の派遣である。先にも記したとおり、エジプトから各国に到着するまで（その逆もしかり）速くて一ヵ月以上かかった距離である。しかも途中には砂漠などの乾燥地帯が拡がり、今現在でさえも陸上での交通は不便である。さらに使節団を阻《はば》むものは自然環境だけではなかった。盗賊や追い剥《は》ぎなどの被害に遭うことも稀《まれ》ではなかったはずだ。

なにせ王同士が派遣する使節は飛脚や早馬とはわけが違う。ゆったりとしたロバなどで豪華な贈り物をいくつも載せ、通り過ぎる途中の町々で王の権勢を誇示するかのごとくに、まるで江戸時代の大名行列のようにゆったりと優雅に行き来するのである。このため外交使節は一年から数年かけて目的地に到着するようなケースもまま見られたようである。

こうした慣行が定着するなかで、五大国の間ではお互いが派遣しあう外交使節への接遇（アッカド語でparsuと呼ばれる）のあり方についても、今日でいう「外交儀礼（protocol）」として厳格に規定されるようになった。

それは簡潔にまとめれば以下のようになる。①使節団は邪魔されずに行き来できなければならない、②使節団は護衛によって守られなければならない、③使節団は相手国の国境に到着したとき高官から出迎えを受けなければならない、④使節団は贈答品への免税も許される。これらの多くは、今日にも残る「外交官特権」のはしりともいえようか。

ただし、お互いに遠距離に位置し、冬には不快に湿度が高く、夏には異常に暑いという当時の自然環境を考えての限界と、官僚機構の未成熟などにより、古代中東世界にはいまだ高度な技術を積んだ「プロの外交官」と呼べるような存在はおらず、相手国に常駐する「大使館」もなかった。

とはいえ、アマルナ文書に表れる以上の三つの要素は、この後のヨーロッパ世界や現在のすべての国に見られる「外交」の源流と伝統を形成しているといっても過言ではない。紀元前一四世紀に現出した大国間の協調はおよそ二〇〇年にわたって続き、やがて中東にアケメネス朝ペルシャ帝国（紀元前五五〇～前三三〇年）のような強大な存在が登場すると、「外交」の様相は一変していくのである。

古代ギリシャの外交――同盟の形成

キュロス二世（大王：在位紀元前五五〇～前五二九年）によってアケメネス朝ペルシャ帝国が創始された頃、地中海東部のエーゲ海ではギリシャ文明が花開いていた。古代ギリシャには「ポリス」と呼ばれる都市国家（及びその支配域）が一〇〇〇ほど存在していたが、このうち五〇〇平方キロ以上の領土を有していたのは一〇〇ほどしかなかった。

なかでも最大級のポリスがギリシャ南端のペロポネソス半島に拡がるスパルタだった。かの「スパルタ教育」で有名なこのポリスは八〇〇〇平方キロ（現在の日本でいえば静岡県より少し大きい）の領土を持ち、紀元前八～七世紀からすでに戦士国家として台頭していた。とはいえスパルタも所詮は強大なペルシャ帝国の敵ではなかったのだ。

　紀元前五四八年にキュロス大王がリュディア王国（現在のトルコ西部）に侵攻を試みようとするや、スパルタはリュディアのクロイソス王（在位紀元前五六〇～前五四七年）に援軍を約束するとともに、キュロスにも外交文書を送り、リュディアに手を出さないよう要請した。充分な軍事的背景もないスパルタの「外交」など、ペルシャ帝国の軍事力を前にしては何の役にも立たなかった。翌五四七年にリュディアはペルシャに征服される。

　クレオメネス一世（在位紀元前五二〇～前四九〇年）がスパルタ王となった時代に、ついにペルシャ帝国はギリ

キュロス２世

シャへの侵攻を開始する。ここで共通の敵であるペルシャからの侵攻に対抗すべく、ギリシャで三番目に広い領土を持つアテナイ（二四〇〇平方キロで現在の日本では神奈川県と同じぐらい）が、周辺のポリスとともに「デロス同盟」を結成する（紀元前四七八年）。最盛期にはおよそ二〇〇ものポリスが参加し、軍資金や軍艦、兵力などを共同で出し合ったデロス同盟ではあったが、加盟したポリスの大半は小国であり、その実、アテナイの善意と力とに「おんぶに抱っこ」の状態が続いた。

　ところがやがて同盟の矛先は、ペルシャではなく同じくギリシャのスパルタへと向けられていく。アテナイの強大化を危惧したスパルタがすでに周辺ポリスと結んでいたペロポネソス同盟をデロス同盟との対決に利用することとなった。世に言う「ペロポネソス戦争（紀元前四三一〜前四〇四年）」の始まりである。戦争は最終的にはスパルタ側の勝利に終わったが、アテナイとスパルタの闘争はまだまだ続いた。

　ペロポネソス戦争終結から一〇年も経過しない紀元前三九五年に、アテナイはコリントスなどと同盟を結んでスパルタと再び一戦を交えた。「コリントス戦争（〜前三八七年）」である。ギリシャ内部での主導権争いは皮肉な結末を迎えた。それまでギリシャにとって共通の敵と目されたペルシャ帝国がスパルタ側に財政支援を行い、これを背景にスパルタがまたも

アケメネス朝ペルシャとギリシャ

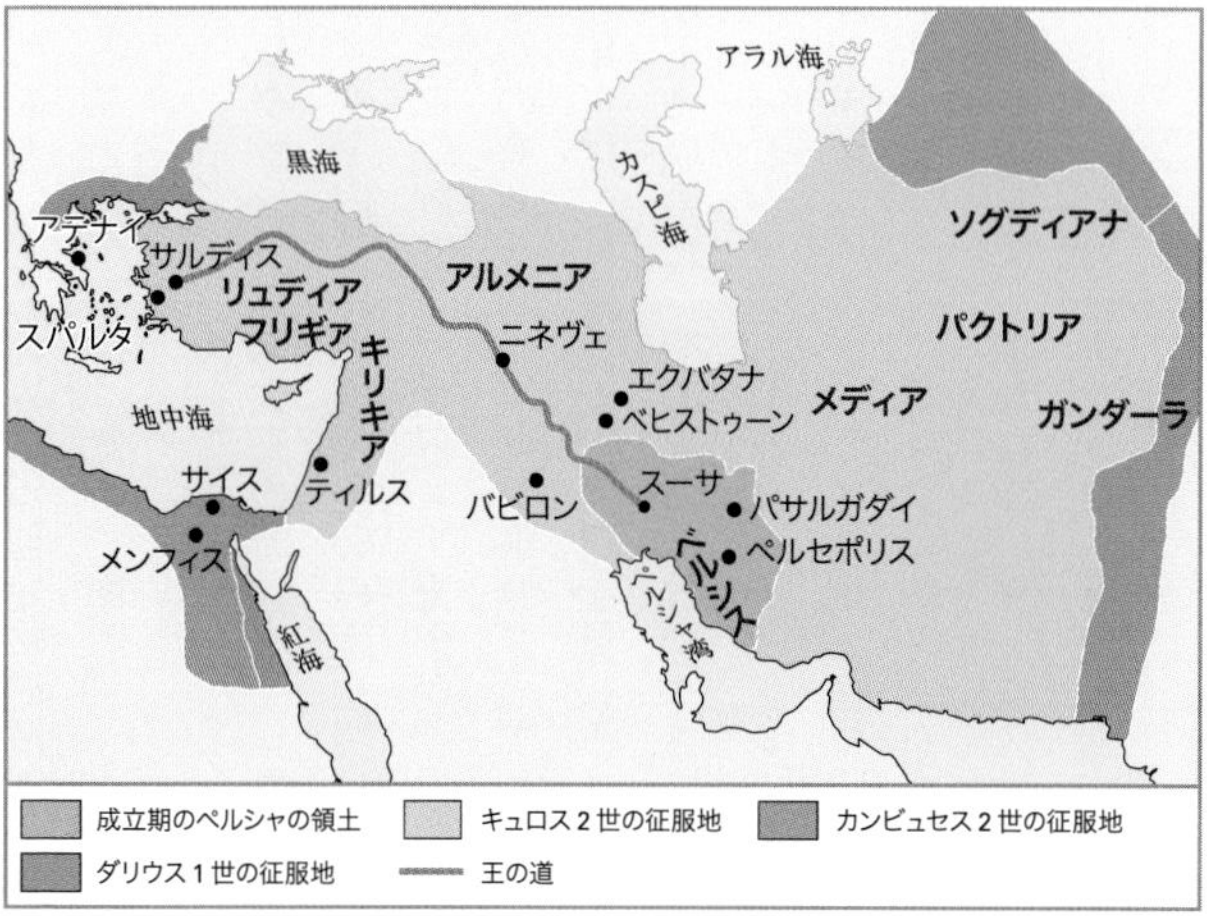

や勝利を収めたのである。しかも戦争の終結にあたっては、当時のペルシャ皇帝アルタクセルクセス二世（在位紀元前四〇四～前三五八年）が仲介の労を取った。のちにそれは「大王の和約」と呼ばれた。この和約により、ギリシャのすべてのポリスの独立とひき換えに、小アジアとキプロスにおけるペルシャの支配権が確認されたのである。

このように古代ギリシャでは、アテナイとスパルタとの主導権争いが長引くとともに、「外交」ではなく、「軍事」による解決が優先され、結果的には共通の敵であったはずのペルシャに付け入る隙《すき》を与えてしまった。また、ギリシャにはスパルタのように王を有するポリスもあったが、多くは民主的な政治体制を採っており、そのぶん政策決定に時間がかかると同時に混乱も招き、結果的には自らの首を絞めることにつながったのである。

アレクサンドロス大王の時代――「外交」の不在

ギリシャ内部の主導権争いの隙を突いてきたのはペルシャだけではなかった。ギリシャのすぐ北に位置するマケドニア王国が紀元前四世紀後半に一気にその勢力を拡張したのである。特にかの有名なアレクサンドロス（アレキサンダー）大王（三世：在位紀元前三三六～前三二三年）は、世界史上でも目を見張るべき「軍事」の天才であり、一時は広大な「帝国」を支配下に収めた。そのぶん彼はいっさい「外交」には気を遣わなかった。

父フィリッポスの跡を継ぐや、アレクサンドロスはギリシャのテーバイをまずは攻略し、ペルシャ帝国皇帝ダリウス三世（在位紀元前三三六～前三三〇年）の強大な軍隊と三度にわたり会戦した。特に壁画でも有名なイッソスの戦い（紀元前三三三年）によって、アレクサンドロスに蹴散《けち》らされた後、ダリウスはたびたび彼に講和を申し出てきた。しかし、アレクサンドロスの辞書に「外交」という文字はないかのごとく、大王はそれをことごとく高圧的に一蹴《いっしゅう》したのである。

イッソスの戦い

ダリウスはユーフラテス川以西の領土をすべて割譲すると提案したが、またもやアレクサンドロスはあっさりはねつけ、ここに紀元前三三一年秋にティグリス河畔のガウガメラで両軍は三度目の激突をした。ペルシャの勢力を過度に描くギリシャの歴史家による記録などで、当時のペルシャ軍は一〇〇万から少なくとも二〇万はいたなどといわれているが、実際の戦力は一〇万人以下であったと考えられる。それでも通常は同盟軍を併せて五万人程度の兵力で戦っていたアレクサンドロスが、またもやダリウスに圧勝した。

　それが二人の最後の対戦となったばかりか、アケメネス朝ペルシャ帝国の滅亡にもつながった。こののちもとどまることを知らないアレクサンドロスは、パキスタンやアフガニスタンにまで遠征し、「常勝

アレクサンドロスの帝国地図

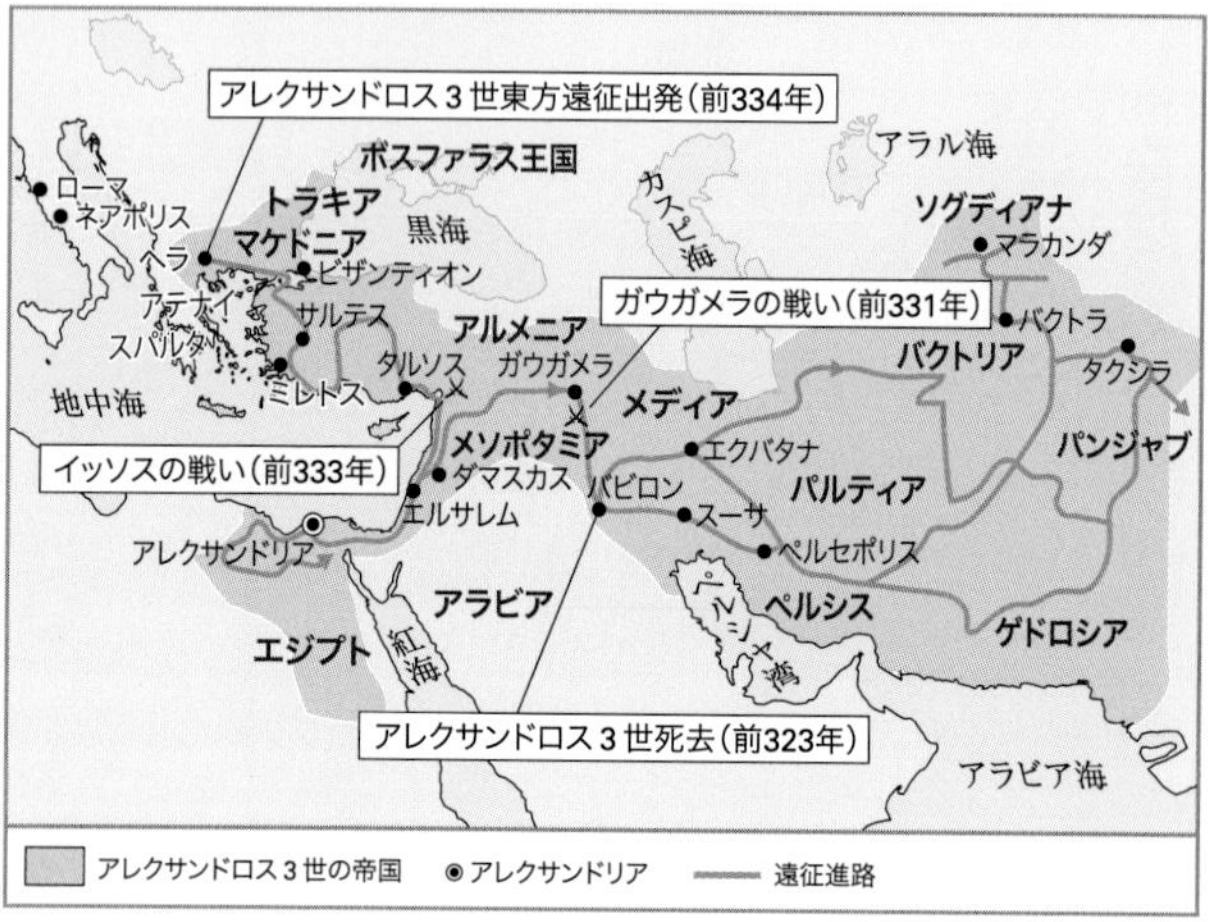

王」の名をほしいままにした。インダス川流域にまでたどり着いたときには、故国マケドニアを離れて八年の歳月が流れていた。この間に遠征した距離は実に一万八〇〇〇キロに達した。それは地球を半周する距離にも匹敵する（赤道の周長は約四万キロ）。紀元前四世紀の当時においてそれは驚異以外の何ものでもなかった。

　このように戦い続けた王アレクサンドロスには「外交」活動はほとんど見られなかったが、彼は征服した土地の慣習は重んじる傾向にあった。ダリウス三世亡き後のペルシャを継承する際に、アレクサンドロスはかつての皇帝アルタクセルクセス三世（在位紀元前三五九〜前三三八年）の娘と、かつての宿敵ダリウス三世の娘をそれぞれ妃《きさき》にしたのである。ペルシャでは自身の継承が正統（直系）でない場合には、先代の皇帝の妃や娘をめとり、自らの帝位継承の正統性の根拠とする場合が多かった。

アレクサンドロス大王

紀元前三二四年に、遠征を終えてペルシャへと戻ってきたアレクサンドロスは、自身の二人との結婚だけではなく、マケドニア人の側近たちとペルシャ貴族の娘たちとの結婚も同時に執り行う「集団結婚式」によって、自分だけではなく、側近たちも新たなペルシャの支配者層になったことを見せつけることにしたのである。こうした継承のあり方はあとで紹介する東ローマ（ビザンツ）帝国でも見られることになる。

アレクサンドロスはこの翌年、紀元前三二三年六月にバビロン（現在のイラク）で急逝した。三二年という短い生涯は華やかな栄光に包まれたものではあったが、「外交」とは無縁の大王の一生であった。

共和政ローマの「外交」——同盟と勢力拡張

　アレクサンドロス大王の死後、自らを後継者と称するものたち（ディアドコイ）の間で帝国の跡目《あとめ》争いが生じた（ディアドコイ戦争：紀元前三二三～前二八一年）。こののち、マケドニアにはアンティゴノス朝（紀元前三〇六～前一六八年）が確立され、四代目の君主フィリッポス五世（在位紀元前二二一～前一七九年）の時代には、マケドニアの脅威に対抗するために結成されていたアエトリア同盟との戦争に乗り出していく。このときアエトリア同盟と手を結んだのが共和政のローマであった。

　のちの「ローマ帝国」のイメージから、古今東西に君臨した「帝国」のご多分に漏れず、ローマも「外交」とは無縁であったかのような印象を受けやすいが、共和政時代のローマは先に示したギリシャと同様、周辺諸国と同盟を結んで共通の敵に対抗する場合が多かった。実際に、紀元前四～前二世紀の間に、ローマは東ギリシャ諸国やユダヤからカディス（現在のスペイン）に至るまで、総計で二〇に近い同盟関係を構築したほどである。

　共和政時代のローマはこれらの国々と「対等」の関係で友好を結び、アマルナ文書に出てくる五大国さながら、贈り物の交換による互恵関係を深めていたとされる。

そのローマがアエトリア同盟とともに戦争に乗り出したのが、第一次マケドニア戦争（紀元前二一五～前二〇五年）においてである。マケドニア王フィリッポスがこともあろうにローマの宿敵カルタゴと手を結んだのである。すでにローマとカルタゴとは第二次ポエニ戦争（紀元前二一九～前二〇一年）で戦闘状態にあった。ローマに対するのは、かの名将ハンニバル将軍（紀元前二四七～前一八二）である。

ローマはアエトリア同盟に加え、ペルガモン（現在のトルコ西部）の王アッタロス一世（在位紀元前二四一～前一九七年）とも手を結び、マケドニア＝カルタゴ同盟軍と衝突したが、双方ともに決定的な勝利は得られずに戦争は終結した。

こののちも、中東で猛威を振るうセレウコス朝シリアのアンティオコス三世（在位紀元前二二三～前一八七年）の軍勢に対し、ローマはアッタロスの息子エウメネス二世（在位紀元前一九七～前一五九年）と同盟を結び、シリア戦争（紀元前一九二～前一八八年）でこれを打ち破るなど、周辺諸国との同盟を利用した戦争のおかげで、ローマは徐々にその勢力を拡張していった。

しかしこうした同盟関係に陰りが見えてくるのは、同盟を結ぶ周辺諸国が自立的な動きを見せ始めた、紀元前二世紀に入ってからのことだった。第二次マケドニア戦争（紀元前二〇〇～前一九七年）では、再び手を結んだアエトリア同盟軍の分遣隊がローマの司令官に相談することもなく、勝手にマケドニア軍の野営地を襲い戦利品を強奪するような場面が見られた。アエトリア同盟のこの強欲な態度に不信感を抱くようになったローマは、内紛に揺れるギリシャ問題への介入を強めるが、これに激怒したアエトリア同盟はローマを見限り、シリアのアンティオコス三世と同盟を結んでしまう。

ところがその結果が、先に見たシリア戦争であり、アンティオコスがローマに敗れると、アエトリア同盟の存在意義はローマにとって急速に薄れていくのである。

帝国への道――外交より戦争へ

このように同盟者が頼りにならなくなると、共和政ローマは自力で強力な軍隊を形成していく方針へと転じていく。すでに紀元前二世紀の段階において、ローマは一七歳の男子の実に六〇％が六年の間に順繰りに兵役に就くシステムを導入している。これにより成人男子は二〇代半ばに達するまでの間に、すべてのものが兵役体験を有することになった。おかげでローマは、規律が行き届き、遠征経験も豊富で、おまけに総勢一三万にも達する地中海最強の軍隊を手に入れるようになっていたのだ。

上記のマケドニア戦争やシリア戦争を皮切りに、紀元前二〇〇〜前一五〇年の間に数々の遠征で勝利を収めたローマ軍が故国に持ち帰った黄金は、三〇トンにも及んだとされる。しかしローマの真骨頂はこれからである。紀元前六二年に東方（現在のシリア、イスラエル、パレスチナ）遠征から戻ったグナエウス・ポンペイウス（紀元前一〇六〜前四八）は、七〇トン（二万タラント）もの黄金をローマに持ち帰った。これに対抗心を燃やしたユリウス・カエサル（ジュリアス・シーザー：紀元前一〇〇〜前四四）は西方のガリア（現在の西ヨーロッパ）へと遠征に出かけ、同じほどの黄金を手にしたとされる。

カエサル

この時期のローマのすぐれた政治家はいずれもすぐれた将軍であった。紀元前二五二〜前五三年の間に、ローマ軍は各地で七〇回以上もの勝利

アウグストゥス

をつかみ、領土を拡大していったのである。もちろん大虐殺もともなっていた。カエサルのガリア遠征では一〇〇万人の敵が命を落とし、一〇〇万人が奴隷としてローマに連れてこられたともいわれる。

　まさに拡張期の共和政ローマは「外交より戦争」を重んじており、この頃から彼らには「ローマ人が支配すれば世界が平和になる」というおごり高ぶった発想まで芽生えてくる。のちの「パクス・ロマーナ（ラテン語でPax Romana：ローマによる平和）」である。

　ポンペイウスとカエサルの競合関係を引き継いだのは、カエサルの姪《めい》の息子で彼の養子となっていたオクタウィアヌス将軍であった。彼は紀元前二七年、ここにローマ帝国初代皇帝アウグストゥス（在位紀元前二七～紀元一四年）に即位する。

アウグストゥスが世を去る頃までに、ローマ帝国はすでに比類のない領土を手に入れていた。地中海沿岸のほぼすべてがローマ領だっただけではない。イベリア半島、ライン川とドナウ川にはさまれたヨーロッパ内陸部、アナトリア半島（トルコ）、黒海周辺にまでその勢力は及んだ。

アウグストゥスはその遺言のなかで、これ以上の征服は進めるなと命じていたが、帝国はこののちもさらに拡大を続けていく運命にあった。

ローマ帝国の「軍団外交」

アウグストゥス皇帝の時代にすでに広大な領土を有していたローマ帝国は、各地に配された六〇〇〇人ぐらいずつからなる「軍団」によって統治されていた。ローマ軍はさらにその勢いを増し、紀元一世紀ぐらいには一日に約二二キロも行軍し、紀元二世紀末ぐらいまでには帝国各地に二五～三〇の軍団が置かれ、各地の統治に充《あ》てられていた。

共和政ローマの末期は「外交より戦争」を重んじたが、ローマ帝国にとって軍団は帝国を拡大するための外交的な手段となりえた。すなわち、その膨大な数と圧倒的な軍事力により、遠征地で敵に戦意を失わせるだけではなく、その後ローマの属国となった場合には彼らにローマの威力を認識させ、反抗などしようものなら全滅させられるという恐怖心を植えつける「外交的な道具」になりえたわけである。

一九世紀の海軍大国イギリスが弱小国を相手に見せた「砲艦外交（gunboat diplomacy）」さながらの「軍団外交」ともいえようか。

事実、ローマは、この軍団の威力に屈し、おとなしく属国となった王は「ローマの友人」とみなして、ローマの市民権も与えて優遇した。ただし見返りは、常にローマの管理下・監督下に置かれ、ローマへの忠誠を要求されるというものではあったが。このためローマには帝国支配の鉄則がいくつか設けられた。たとえば、属国がローマから明確な許可を得ることなしに、他の属国を犠牲にして自身の勢力を拡張するようなことは許されなかった。

『新約聖書』のイエス・キリスト誕生の物語にも登場する、ユダヤ王国の支配者ヘロデ（在位紀元前三七〜前四年）が隣国でヨルダンを中心に発展を遂げていたナバテア王国に侵攻したとき、皇帝アウグストゥスはすぐに兵を引くようヘロデに要求した。このときの皇帝の脅《おど》し文句がこうだった。「さもなくばそちはもはや皇帝の友人ではなく、余の家臣として扱う」。

ローマ帝国の最大領域（トラヤヌス帝〔98〜117年〕時代）

この言葉にヘロデはすごすごと兵を引き揚げさせざるを得なくなった。

ローマ帝国にとっては、属国間で勢力均衡を保ち、地方ごとの平和を維持することこそが利益となった。このため属国への介入はできるだけ避け、必要な場合にはローマが仲介役となって属国同士の領土交換を進め、地方での均衡を巧みに保っていたのである。

しかし、帝国東方の属国の王たちは、政治的にも文化的にも洗練されており、ローマの軍事力のすごさをよく理解していたが、西方（ヨーロッパ）の蛮族どもにそれは通用しなかった。東方では「外交」を重んじたローマも、西方ではまず「軍事」で蛮族にローマの実力を見せつけ、それから支配を進めていくしかなかった。

クラウディウス帝（在位四一～五四年）以降の皇帝の時代に入り、ローマはヨーロッパへと次々と遠征を開始した。ハドリアヌス帝（在位一一七～一三八年）の時代には、現在のイングランドとスコットランドの境あたりに「ハドリアヌスの長城」と呼ばれる防塁《ぼうるい》が築かれ、帝国の領土はヨーロッパ北西端にまで拡張していたのである。

しかし二世紀の末あたりから帝国は混乱をきたし、東方ではサーサーン朝ペルシャ帝国（二二六～六五一年）が登場し、ローマは新たな脅威に直面することとなる。四世紀後半のヨウィアヌス帝（在位三六三～三六四年）は、ペルシャ皇帝シャープール二世（在位三〇九～三七九年）と条約を結び、メソポタミア北部一帯をすべてペルシャに割譲せざるを得なくなっていた。

ローマ帝国の分裂

メソポタミア北部がペルシャ帝国へと割譲されてからわずか三〇年ほどで、ローマ帝国は東西に分裂した（三九五年）。いくら軍団が各地を統治していようとも、ローマは支配するにはあまりにも広大すぎたのだ。

西ローマ帝国のほうは、こののちゲルマン系の指導者たちが各地で勢力を振るうようになり、四七六年に消滅した。これ以後は、現在の西ヨーロッパ世界（ドイツ、イタリア、フランス、ベネルクス、イギリス、イベリア）はまさに群雄割拠の時代に突入する。

対する東ローマ帝国は、栄枯盛衰は見られたものの、こののち八〇〇年以上にわたって統一した帝国としての立場を維持することには成功する。西ローマ帝国の後裔《こうえい》国が分裂と闘争を繰り返しているのを尻目に、東ローマ皇帝のなかにはアフリカ北部やイタリアの再征服を狙うような動きを示すものもいた。その最盛期を築いたのが、ユスティニアヌス帝（在位五二七～五六五年）だった。四〇年に近い在位の間に、帝国は北アフリカ沿岸、イベリア半島南部、エジプト、中東にまで及ぶこととなった。首都コンスタンティノープルには当

ユスティニアヌス帝

時五〇万人もの人々が生活していたとされる。

しかし七世紀に入り、ムハンマド（五七〇頃〜六三二）によりイスラーム教が新たに創始されると、その勢力は瞬《またた》く間にアラビア半島を席巻《せっけん》した。彼の死後には、まずウマイヤ朝（六六一〜七五〇年）がイスラーム帝国を形成していく。八世紀初頭までには、北アフリカ沿岸部を東ローマ帝国から奪い、イベリア半島にまで領土を拡張した。中東地域までほとんど奪われ、東ローマ帝国はアナトリア（トルコ）とバルカン半島の沿岸部を汲々《きゅうきゅう》としながら護《まも》る以外に術《すべ》がなかった。

また八世紀後半には、フランク王国のカール一世（大帝：在位七六八〜八一四年）が、今日のフランス、ベネルクス、ドイツ、イタリアに統一的な巨大国家を形成し、東ローマ帝国の内紛に乗ずるかたちで、八〇〇年のクリスマスにはバチカンの聖《サン》ピエトロ大聖堂でローマ教皇の手により「ローマ皇帝」の冠をかぶせられることになった。もちろんときの東ローマ皇帝はこれに異議を唱えた。若干の戦闘の後に、カールの帝冠はローマではなく「フランク」の皇帝のものであると認めさせることにはなった。

こののちカール大帝の「帝国」は分裂し、今日のドイツを中心に西ローマ帝国の後裔を名乗る「神聖ローマ帝国」が姿を現すようになっていく。こうしたときに権威を示すようになったのが東ローマの皇帝たちだったのだ。

「ビザンツ」帝国の巧妙な外交

ヨーロッパや日本では、東ローマ帝国のことを「ビザンツ帝国」と呼ぶほうが一般的であ

カール1世

る。しかしそれは「西ローマ帝国の末裔《まつえい》」を自任する西欧の王侯や知識人たちが、のちに東ローマを蔑視《べっし》する意味で用いた言葉にすぎない。首都コンスタンティノープルの古い名前「ビザンティウム」がドイツ語になまって「ビザンツ」と転じ、今日に至るまで使われ続けているのである。

そもそも東ローマの人々は自身を「ビザンツ」などとは呼ばなかった。ついでに彼らは「東ローマ」でもなく、西ローマ帝国滅亡後は唯一の「ローマ帝国」の継承者を自負し、皇帝は自分こそが「ローマ皇帝」であると宣言していた。それゆえ、八〇〇年にカールが「ローマ皇帝」の名で戴冠《たいかん》したのが許せなかったわけである。

カール没後に分裂したフランク諸王国では、最終的に東フランク王国（ドイツ）にザクセン朝（九一九～一〇二四年）が成立し、カール大帝が受けたフランクの帝冠を引き継ぎ、それが一三世紀半ばから「神聖ローマ皇帝」と呼ばれる帝位の源流となった。とはいえ、ザクセン朝の開祖はもともと東フランクの東部辺境地帯の防衛を任されていた地方豪族にすぎないような出自である。「ローマ皇帝」とは無縁といっても過言ではない。

そこで頼ったのが「本物のローマ皇帝」ともいうべき、東ローマ皇帝ヨハネス一世（在位九六九～九七六年）だった。九七二年に、皇帝の姪テオファヌがザクセン朝のオットー二世

（在位九六七～九八三年）と結婚し、八年後には二人の間に次代のオットー三世（在位九八三～一〇〇二年）が誕生するのである。

オットー三世は「古代ローマ帝国の復活」を夢見る皇帝であり、自身の存在こそが東西ローマの再統一につながると考えた。このため彼は、ときの東ローマ皇帝バシレイオス二世

オットー3世

（在位九六三～一〇二五年）の姪にあたり、彼の実弟でのちの皇帝コンスタンティノス八世（在位一〇二五～二八年）の娘ゾエと婚約するのである。しかしオットーの夢は無残にも潰《つい》えてしまった。ゾエとの結婚を前にオットーが急死したのである。

ついでながらこののちゾエは、父帝の跡を継いだロマノス三世と結婚するが、血統的に継承権のないロマノスが帝位を継げたのはひとえに皇女ゾエと結婚した

からだった。さらにロマノスはこののち暗殺されるが、その首謀者こそ妻ゾエであり、彼女と手を組んだ愛人がミカエル四世として帝位に就く。もちろん「ゾエの夫」という資格においてである。このあたりは、先述した、アレクサンドロス大王がペルシャ皇帝の娘たちと結婚することで継承の正統性を示したのと同じような考え方にあったといえよう。

いずれにせよ、東フランクのザクセン朝だけではなく、八世紀までにすでに滅亡していたが、東ゴート（イタリア）や西ゴート（スペイン）の王たちも、彼らが即位した当初には東ローマ帝室から皇女を迎えてその正統性を誇示しており、アマルナ文書の時代さながら、東ローマ皇帝たちは八～一〇世紀の激動のヨーロッパ政治のなかを、「政略結婚」によって巧みに乗り切ることに成功したのである。

アッバース＝ビザンツの外交関係

群雄割拠する西ローマ帝国の後裔諸国に比べ、東ローマ帝国がより深刻な圧力を受けていたのは、強大なイスラーム帝国のほうからであった。特にウマイヤ朝の初代カリフ（ムハンマドの後継者でイスラームの最高指導者）ムアーウィヤ（在位六六一～六八〇年）は、コンスタンティノープル包囲戦（六七四年）に代表されるように、東ローマ帝国に露骨に攻撃を

ビザンツ帝国とアッバース朝（イスラーム世界の拡大）

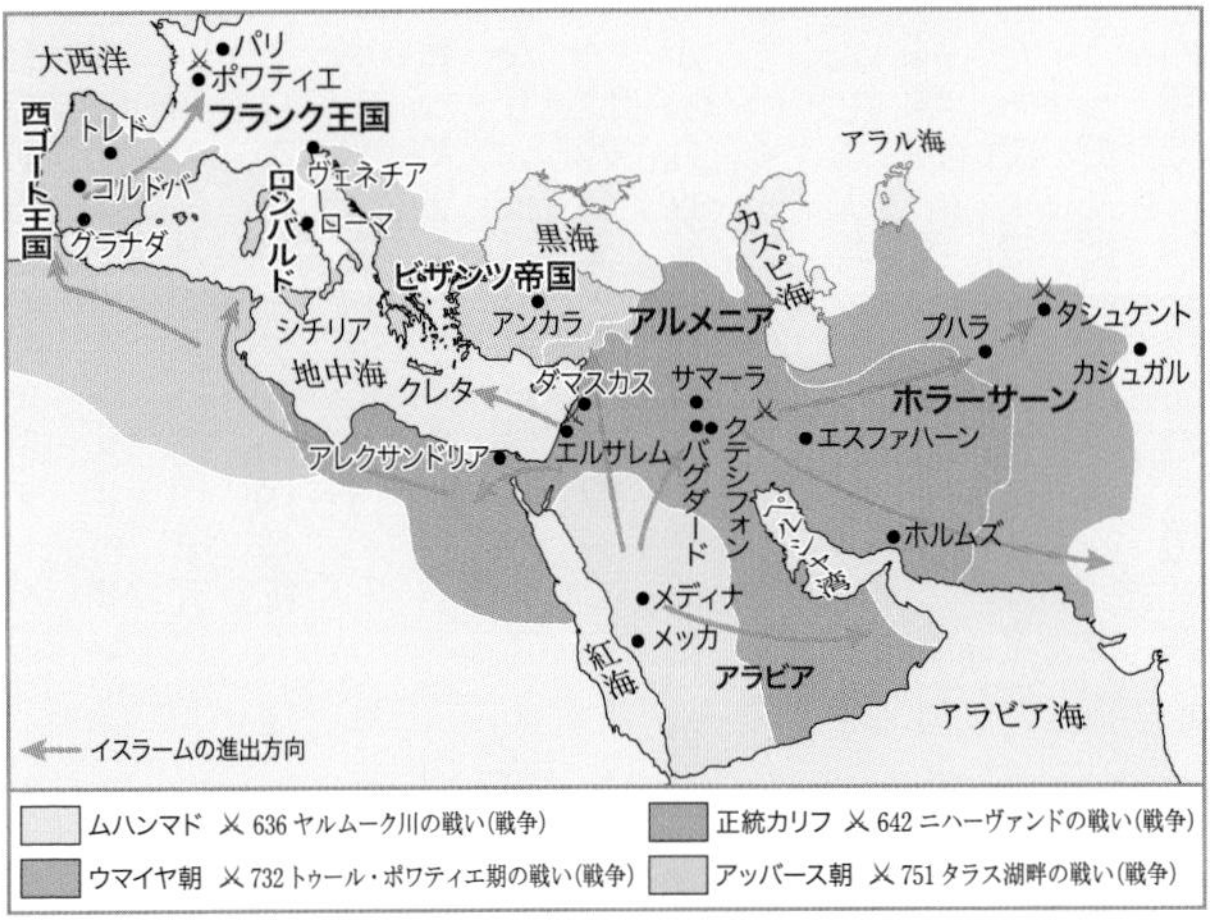

しかけ、最終的には帝国も征服してしまおうとの野心に駆られていた。それはウマイヤ朝歴代カリフのすべてに見られた野望であった。

ところがウマイヤ朝が滅び、次のアッバース朝（七五〇〜一五一七年）に交替すると、イスラーム帝国と東ローマ帝国の関係にも変化がおとずれることになる。特に第二代カリフのマンスール（在位七五四〜七七五年）の時代になると、帝国の首都がダマスカスから内陸地のバグダードに移り、両帝国の国境紛争も大幅に減少していく。東ローマ皇帝コンスタンティノス五世（在位七四一〜七七五年）もこの機に乗じて、お互いの宮廷に使者を送る慣習を根づかせていった。そればかりか、東ローマ皇帝こそキリスト教世界における首長であるとの印象をアッバース朝の支配者たちに印象づけてもいくのである。

　こうした「アッバース＝ビザンツ間」の良好な外交関係に一時的な逸脱が生じるのが、九世紀初頭のことであった。第五代カリフのハールーン・アッ＝ラシード（在位七八六～八〇九年）はアッバース朝の国境拡大に乗り出し、これに呼応するかたちで東ローマ皇帝ニケファロス一世（在位八〇二～八一一年）も戦闘に応じたのである。八〇六年にカリフ自身が指揮を執《と》ってアンカラを攻略し、ニケファロスは貢納金の支払いに応じるほかなくなった。後世になり「狡猾《こうかつ》で抜け目のない」と形容される「ビザンツ外交」の歴史のなかでも、ニケファロスは外交より戦争に頼ってしまった皇帝だった。

　しかし九世紀半ば以降になると、再び「アッバース＝ビザンツ間」の外交関係は深まりを見せていく。第七代カリフのマアムーン（在位八一三～八三三年）は、古代ギリシャの学問を重んじる人物で、当代随一の東ローマ帝国の数学者まで招聘《しょうへい》し、かつてのすぐれた哲学書や科学書がギリシャ語からアラビア語へと翻訳されていく。これがのちの世に逆輸入されるかたちで、ヨーロッパに「ルネサンス」が生まれていくわけである。

　こうして九世紀半ばから一〇世紀にかけては、アッバース朝イスラーム帝国と東ローマ帝国との間で、外交使節の派遣、贈り物の交換といった「外交」が定着し、両者は共通の宮廷儀礼でも結ばれていく関係となる。それと同時に両者はお互いを「対等の文化程度を有するもの同士」として尊重しあってもいくのである。

しかし、一三世紀半ばに中央アジアから登場したモンゴル帝国の台頭にアッバース朝はあえなく屈していく（一二五八年）。こののちアッバース朝のカリフはエジプトのカイロに拠点を移す。モンゴルの脅威はもちろん東ローマ帝国にも襲いかかったが、すでにその半世紀ほど前に帝国は解体に追い込まれていた。

一二〇四年にコンスタンティノープルが十字軍（第四回）により陥落させられ、皇帝をはじめ貴顕もすべて各地に敗走した。その後、一二六一年にはコンスタンティノープルの奪回に成功を収めるものの、もはや「帝国」というにはほど遠い弱小勢力になっていた。東ローマにとどめを刺したの

第７代カリフのマアムーンがバグダードに建てた図書館

はモンゴルではなく、イスラームのオスマンであった。一四世紀半ばぐらいからすでにバルカン半島にも進出していたオスマン帝国は、一四五三年春に二〇万人の大軍でコンスタンティノープルに攻め込んできた。一万にも満たない防衛軍など敵ではなかった。五月にここに都も陥落した。

　こうして古代から延々と続いてきた「帝国」が、ヨーロッパ大陸から姿を消した。それと同時に、このイスラームの新たなる「帝国」の脅威が、ヨーロッパに新しい「外交」を生み出していくことになるのである。

第二章　近代外交の夜明け

——一五世紀イタリアから

ローマを辞去するイングランド大使（V・カルパッチョ画）

「常駐大使」の登場

一四五三年五月に、一〇〇〇年の歴史を誇り「都市の女王」との異名をとったコンスタンティノープルが、オスマン皇帝メフメト二世（在位一四四四〜四六年、五一〜八一年）率いる二〇万の大軍によって陥落させられた。その衝撃はすぐさま当時のヨーロッパ情勢にも影響を与えることとなった。

特に大きな衝撃を受けたのがイタリア半島であった。当時のイタリアはアジア諸国との東方貿易で莫大《ばくだい》な富を得た、様々な政治形態をとる国がひしめいていた。なかでも強大な存在だったのが、西方キリスト教会の頂点に立つローマ教皇領、南部のナポリ王国、北部のミラノ公国、そして商人の共和国ヴェネチアとフィレンツェという五大国であった。

一四五〇年以前においては、ヴェネチアとフィレンツェが同盟を築き、ミラノ＝ナポリ連合と相対《あいたい》するという構図が見られた。イタリア北西部のロンバルディアの領有をめぐり、ナポリ王アルフォンソ一世（在位一四四二〜五八年）とヴェネチア共和国との争いが先鋭化し、それに同盟者が加担していた。しかし東方に新たな脅威が現れた現在となっては、イタリアの内紛はオスマンに付け入る隙《すき》を与えるだけである。

一四五〇年にミラノ公に即《つ》いたフランチェスコ・スフォルツァ（一四〇一〜一四六六）の

提唱により、一四五四年四月にローディの和約が成立し、フィレンツェ、ミラノ、ヴェネチアの三国がこれに署名した。スフォルツァ自身がフィレンツェの最大実力者コジモ・デ・メディチ（一三八九〜一四六四）と個人的に築いてきた信頼関係とともに、これからは戦争ではなく平和によってお互いの利益を保証すべきというスフォルツァの先見の明による講和条約であった。さらに翌五五年には、この盟約にローマ教皇庁とナポリも加わり、対オスマン戦略で協力しあう「イタリア連盟」まで結成されることになった。

フランチェスコ・スフォルツァ

この機会に、スフォルツァはこれら四ヵ国はもとより、ジェノヴァ、サヴォイアなど他のイタリア諸国や、フランス、カタルーニャ、ドイツ諸国、イングランド、ブルゴーニュなどとも外交関係を構築し、各国との間に「常駐大使（resident ambassador）」まで交換しあっていくのである。さらに各国には「常駐大使館（embassy）」も設けられていく。

実は相手国に常駐する「外交官」の存在は、これより一世紀前にすでに確認されている。一三四一年にイタリア北部のマントヴァ侯がドイツ南部のバイエルン公の宮廷に「交渉家（négociateur）」を派遣していたとする記録が残っているし、英仏百年戦争（一三三七〜一四五三年）のさなかに両国は政略結婚や同盟を模索するため大使を頻繁に派遣していた。

しかし、近代以降の外交を担う常駐大使の使命ともいうべき、「代表（representation）」「交渉（negotiation）」「情報（information）」、すなわち主君（もしくは国家）を代表し、相手国と粘り強く交渉し、各種の情報を収集して本国に伝える、という三大業務をこなせる大使が登場するのは、一五世紀半ば以降のことといえよう。

その意味でも、ミラノ公スフォルツァは近代外交の先陣を切った傑物《けつぶつ》であった。

なぜイタリアだったのか？

それではなぜ一五世紀のイタリアで近代外交が生まれたのか。歴史とは一朝一夕に形成されるものではない。これまた一世紀ほどさかのぼる一三〇〇年代の半ばは、世界全体が「一四世紀の危機」に見舞われていたさなかのことであった。地球全体の寒冷化も関係し、ペストの流行や作物の不作、それにともなう戦乱や反乱などが各地で相次いだ。日本ではちょうど鎌倉幕府が滅亡し（一三三三年）、室町時代へと変わっていく時期であり、中国では元《げん》が滅ぼされ、明《みん》帝国が新たに形成されている（一三六八年）。

15世紀末のイタリア

ヨーロッパでも王侯や都市国家などが自らの領域を確保しようと、各地で戦争と平和が繰り返されていた。特にイタリアには当時「統一国家」が建設されておらず、すでに述べたとおり、様々な政治形態を持った国が乱立していた。しかも東方からの貿易でいずれも経済的に潤《うるお》っていたものの、お互いがかけ合う関税

の額などをめぐっても争いは生じた。こうして、何か特別の交渉の折のみに派遣される「特使」ではなく、他国に住む（あるいは取引を行う）お互いの臣民もしくは市民の安全を確保するうえからも、「常駐大使」を置く必要性に駆られていったと考えても不思議ではない。

しかしそれならヨーロッパの他の地域にしても同様の問題に直面していたはずである。イタリアの特色はその「コンパクトな空間」にあったのかもしれない。今現在のイタリア共和国の面積は三〇万二七八〇平方キロである。これは日本（三七万七九七三平方キロ）に比べてもその八〇％程度の広さにすぎない。

「一四世紀の危機」に襲われ、その後のオスマン帝国の台頭にも遭い、地政学的な空間としてもコンパクトなこのイタリアという地に、それぞれに不安定な政治体制にお互いが猜疑心《さいぎしん》を抱きあい、比較的短時間でお互いに行き来できて、それまでの商業上の実績から信頼できる通信網をすでに備え、さらにはお互いに領土的な拡張を虎視《こし》眈々《たんたん》と狙っているような土地柄だからこそ、「常駐大使」を用いた外交が生まれたのかもしれない。

しかも当時のイタリアは「統一国家」ではなかったからこそ、いずれかの君主や共和国が「覇権」を握るなどという状況になく、お互いを「対等」の関係としてとらえていた点も、この地に「外交」をめばえさせた要因になっていよう。すでに第一章で強調しておいたとおり、「外交」を営むうえで重要なのがこの「対等性」にあるのだ。

そしてスフォルツァである。なぜあまたの指導者たちがひしめくイタリアのなかでも、ミラノのスフォルツァが先陣を切ったのか。それは彼自身がミラノ公に即《つ》いた経緯と関係がある。もともと彼はミラノの支配者の家系に生まれたわけではなく、決して高貴とはいえない出自であり、傭兵隊長（コンドッティエーレ）として自らの実力で成り上がった。

その彼が一四五〇年に突然由緒あるミラノ公に半ば強引に即いたわけであるから、君主としての「正統性」を確立しなければならない。ミラノ国内での権力基盤を確固たるものにするや、彼はローマやナポリをたびたび訪れ、教皇や国王に豪奢《ごうしゃ》な贈り物を届け、要人たちに金をばらまいて「ミラノ公」として不動の地位を築き上げたのである。第一章でも紹介した、アッシリアが大国として登場したときのアッシュール・ウバリト一世（二九頁）がエジプト王に書簡と贈り物を送ったときの立場にも似ていようか。

「常駐大使」の派遣が自らの立場の確立に起因していたとはいえ、スフォルツァの先見の明はやはり本物であった。彼はイタリアやヨーロッパ各地に大使を派遣するとともに、当時のイタリアでちょうど発展を遂げていた製紙業とも呼応し、紙の文書でのやりとりに重点を置き、各国の大使たちには外交文書を効率的に書いていく「報告の作法」まで生み出していくのである。当時のヨーロッパではまだ羊皮紙が主流であったが、ここに重要な文書は紙に書かれていく時代へと変化し、それにともない「外交文書」も激増していく。

なかなか広まらない大使たち

このように一四五〇年代のイタリアから、常駐大使が相手国にとどまり、元首や指導者らとの定期的な「謁見《えっけん》（仏語でentretien、英語でaudience）」において、自身が仕える主君のために自国の利益を代弁し、また相手国の元首や指導者から信頼を勝ち得ていくことに基づく、近代的な外交が始まった。とはいえ、それですぐにヨーロッパ全体に「常駐大使」や「大使館」が広まっていったわけではなかった。

なにしろ相手国はタダで常駐させてくれるわけではない。宮殿や政庁にほど近く、いつでも元首や指導者のもとにはせ参じられる「一等地」に邸宅を借りなければならないのだ。さらに、現代でもそうであるが、「大使」などおいそれと誰にでもなれる役職ではない。あとで述べるようないくつもの資質が必要になってくる。こうした資金と人材の双方に恵まれた大国でないと、とても「常駐大使」など派遣することはできなかった。

事実、これより一世紀ほどのちの話ではあるが、エリザベス一世（在位一五五八～一六〇三年）のイングランドなどは資金も人材も不足していたため、常駐大使館はフランスのみに限定されるような時期まであったくらいである。

さらに一五世紀半ばにおいては、「情報の収集」という役割ひとつをとっても、大使が独占できたわけではなく、様々な国を渡り歩く商人や聖職者、さらには旅行者からも様々な情報を集めることはできたのである。

「常駐大使」というものに対する支配者たちの考え方によっても、国によってこの制度を採り入れるか否かを大きく左右する要因となった。

フランスのルイ一一世（在位一四六一～八三年）は、人々から「慎重王（le Prudent）」という異名を取っていただけあり、外国からの大使などみな「スパイ」に違いないと猜疑心を抱いていた。彼自身が陰険な策謀家だったこともあってか、「常駐大使など、イタリアの慣習であり、フランスにはふさわしくない」とこれを忌避《きひ》したのである。

反対に、各国に次々と常駐大使館を置いた王侯もいた。アラゴン王のフェルナンド二世（在位一四七九～一五一六年）である。彼は国王に即位するや、ローマ（一四八〇年）を皮切りに、イングランド（八七年）、神聖ローマ帝国（九三年）、ヴェネチア（九四年）、ポルトガル、ジェノヴァ（九五年）、フランス（九九年）、サヴォイア（一五〇九年）、ミラノ

フェルナンド２世

（一三年）という具合に、次々と大使館を開いた。

さらにフェルナンドは国務大臣という役職を初めて設置した人物でもあった。ところがそれは外務大臣という専任職に発展することもなく、自身の宮廷をあくまでも政策決定の中枢機関に据《す》えることにこだわったため、各国大使館とのやりとりも効率が悪かった。王は気が向かなければ返事を送らなかったので、何週間も指示を待たされる大使が多かった。

このフェルナンド二世もまた疑り深い性格だったようである。とはいえ、カスティーリャのイサベル一世（在位一四七四～一五〇四年）との結婚を経て、イスラーム勢力をイベリア半島から追い出し、統一国家スペインを形成した強者《つわもの》である。慎重な性格でなければ弱肉強食のヨーロッパ国際政治を生き残ってはいけなかったのであろう。

常駐大使館の定着

次章でもまた見ていくが、一六世紀前半までに西ヨーロッパで勢力を二分するようになったのが、フランスのヴァロア王家（一六世紀末からはブルボン王家）とハプスブルク家であった。ハプスブルク家は一五世紀半ば以来、ヨーロッパ中央部に位置する神聖ローマ帝国の皇帝に代々選出される名門となった。

第一章でも説明したが（五六頁）、カール大帝のフランク王国の末裔を任ずるザクセン朝以来、ヨーロッパ中央部に形成された共同体は一三世紀半ば頃から「神聖ローマ帝国」と呼ばれるようになっていた。現在のドイツはもとより、ベネルクス、フランス東部、スイス、オーストリア、ポーランド、イタリア北部、デンマーク南部にまたがる広大な領域を占めており、ここに皇帝、国王、大公、公爵、伯爵、大司教、修道院長など様々な領主が治める大小三五〇前後の領邦と都市がひしめいていた。

一二世紀末からは皇帝は選挙で選ばれ、一三五六年からは七人の「選帝侯《せんていこう》」と呼ばれる有力諸侯によって選出されるようになった。「皇帝」とはいっても、帝国全土を一手に治める絶対君主などではなく、帝国議会によってその権限はかなり制御されていた。

デューラー『マクシミリアン１世の肖像』（1519年）

フェルナンド二世と同世代の皇帝は、やはりハプスブルク家出身のマクシミリアン一世（在位一四九三～一五一九年）であったが、彼はその治世の間にヨーロッパの主要都市に三〇〇人以上の外交官を配するようになっていた。ただし、ハプスブルク帝国の外交網が本格的に確立されたのは、次章にも登場する孫のカール五世（在位一五一九～五六年）の時代以降になってからのことだった。ちなみに、カールはフェルナンドの孫にもあたり、スペイン王としては「カルロス一世（在位一五一六～五六年）」と名乗っていた。

ところが、カールの時代になってからも、宿敵フランスとの間には臨時の外交官職しか交換せず、「常駐大使館」は置かれなかった。パリとウィーンに互いの常駐大使館が置かれるのは一七世紀半ばになってからだった。カールと彼の最大のライバルであるフランス国王フランソワ一世（在位一五一五～四七年）が活躍した一六世紀前半のヨーロッパは、マルティン・ルター（一四八三～一五四六）の「宗教改革（一五一七年）」に端を発する宗教戦争が各地に生じ、「外交より戦争」が優先された時代でもあった。

ヨーロッパ全土を巻き込んだ最後の宗教戦争ともいうべき「三十年戦争（一六一八～四八年）」が終結する頃までには、今日の外交儀礼や国際法にも通ずるような、「大使館内は外国」という観念がヨーロッパの王侯間に根づいていくようになる。すなわち、地理的には自国にあろうとも、外国からの駐在大使の行動にあれこれ介入することはできない。各国は大使と大使館員の安全も保証しなければならない。宗教戦争との絡みでいえば、カトリック国に駐在するプロテスタント国からの大使や大使館員は「異端審問（宗教裁判）」を受ける必要はないといったことである。

今日の「治外法権」「外交官特権」にあたるような発想もこの頃には定着していくのだ。こうして、ルイ一一世の時代には「常駐大使」を忌避していたフランスも、ルイ一四世（在位一六四三～一七一五年）の時代までにはヨーロッパ主要都市のすべてに大使館が置かれ、情報収集とともに相手国との粘り強い交渉も大使たちの重要な任務となっていく。

「太陽王」ルイ一四世は別名「戦争王」とも呼ばれ、その生涯の大半がフランスの領土拡大に費やされたといっても過言ではない。ただし彼は「外交より戦争」というタイプではなく、大使たちの働きにより、敵国をまず外交的に孤立させ、それから軍事的に攻めていくというパターンを得意にした。すなわち戦争と外交を巧みに織り交ぜるかたちで領土の拡大に成功したのである。

大使の資質とは?

こうしてスフォルツァにより本格的に常駐大使職が生み出されてから、およそ二〇〇年ほどかけてヨーロッパ全体に「常駐大使」と「大使館」とが定着するようになった。

それではこの間に、大使に就いたのはどのような人物たちだったのか。

「大使とは、自国の利益のために、外国で嘘をつくために派遣される誠実な人間をいう」。これは一七世紀前半のイングランドの外交官サー・ヘンリ・ウォットン(一五六八~一六三九)の有名な言葉である。

しかし他方で、ルイ一四世時代のフランスで活躍し、『外交談判法』という指南書まで出している外交官フランソワ・ド・カリエール(一六四五~一七一七)は次のように語っている。「確かに嘘を吐《つ》く術は外交官によって時には成功裡《り》に実行されてきた。しかし、他の場所においてと同様、ここにおいても最良の策である正直と異なって、嘘はつねにその後に一滴の毒薬を残してゆく……」。

いずれも、けだし名言といえよう。一五世紀半ばに、それまでのような短期の「特使」に代わり、相手国に長期間滞在する「常駐大使」が本格的に登場して以来、大使にもある種の資質が徐々に要求されるようになっていく。

ルイ 14 世

まずは人間的な成熟、優雅なふるまい、確固たる信念、様々な人生経験、そして身体的な健康も大切な要素である。ある高齢の司教がローマ駐在大使に任ぜられたとき、教皇庁はもちろん各国の大使らの間をつねに廻らなければならず、毎時間馬を走らせられるような「健康体の若者でなくてはつとまらない」とこれを固辞した例もある。

大使は相手国との様々な交渉を進めていくが、そのためには法律の知識がなくてはならない。一五世紀半ばには、「俗人（聖職者ではないもの）」の子弟も大学に通って法律を学ぶようにはなっていたが、やはり当初は聖職者が外交官に就くケースが多かった。特に中世ヨーロッパでは「共通言語」として、ちょうど今日《こんにち》の英語のような役割を果たしていたのが、ラテン語であった。古代ローマ帝国で使われた言語である。

中世ヨーロッパでラテン語を自由に操れたのは、幼少時から神学校などで学んだ聖職者に限られていた。一二世紀あたりでは、王侯でさえラテン語の読み書きができず、自国の公式な法律文書や外交文書を作成する際、教会や修道院の聖職者らに頼ることが多かった。これが、中世ヨーロッパは、信仰の面だけではなく、政治や外交の面でも「キリスト教が支配する世界」といわれたゆえんである。

しかしこれもまた、一五世紀ぐらいまでには大学で学んだ俗人が法律家や書記官として君主に仕える場合も多くなっていく。常駐大使が自国に送る報告書は「自国語」で書かれるケースも増えていき、フランス語やドイツ語、スペイン語や英語も「外交」に使われるようになった。すなわち外交官の資質としては、ラテン語はもとより、ドイツ語、フランス語、スペイン語などヨーロッパの大国の言語もいくつか操れる人材が有用とされた。

　また前章で、東ローマ帝国からアッバース朝イスラーム帝国には、当代随一の数学者が「外交官」として派遣されたことがあったと紹介したが、一五世紀のヨーロッパはまさにルネサンスの世。北方ルネサンスを築いたブルゴーニュ公爵の宮廷からはヤン・ファン・アイク（一三九五頃～一四四一）が、神聖ローマ皇帝からイタリア諸国へはアルブレヒト・デューラー（一四七一～一五二八）が、といった具合に、当代随一の画家たちも外交官の役割を果たし、相手国の君主の肖像画などを描き残したりしている。

　ヨーロッパ全土に「常駐大使館」が作られていく一七世紀までの間に、大使らの任務も変わっていく。一五世紀末までの大使は「知り、聞き、報告する」が主な

ヤン・ファン・アイク『アルノルフィーニ夫妻像』

デューラー『自画像』(1498 年)

役割だったのが、一六世紀半ばまでには、①勤勉に聞き、助言する、②機敏に行動しながら交渉する、③無駄な点は省いて必要なことのみを自身の見解を交えながら報告する、という具合にさらに一歩進んだ役割を期待されるようになっていったのである。

　また、「常駐大使」が登場した一五世紀半ばの当初は、大使に就くものは小貴族か平民がほとんどだった。フランスからイングランドへの大使（一四八五～一五二〇年）のうち六五％は高貴な身分ではあったが、そのうち爵位（公侯伯子男《こうこうはくしだん》）を持つ貴族はわずか九％にすぎなかったといわれる。この当時は大貴族たちは自身の所領経営に忙しく、宮廷では枢密《すうみつ》顧問官など、より上位の役職に就くのが一般的で、他国に赴《おもむ》くとしても外国王室の冠婚葬祭《かんこんそうさい》や戴冠式など、何か特別の儀式への「特使」として派遣されるのが定番だった。

「常駐大使」に各国の大貴族層が就くようになるのは、一六世紀以降に「宮廷外交」が繰り広げられるようになり、より洗練されたマナーを身につけているとともに、自国王室はもちろん、海外の王侯とも血縁関係で結ばれているほうが外交官としても有利になっていく、一七世紀後半からのことなのである。

永遠の都ローマ

このように、近代の外交官には新たな資質と役割が要求されるようになっていったが、一方で前章で紹介したアマルナ文書に書かれているうちの、①政略結婚、②高価な贈り物の交換、といった慣習も、三〇〇〇年に近い歳月が流れていても、人類に変わらずに残り続けていった。ここではあまりに膨大な数に達するので詳細に記さないが、一五世紀以降のヨーロッパにおいては王侯の妃の大半は「外国人」であった。そしてその妃の宮廷が、故国と嫁ぎ先との間の仲介役を果たすことも多々見られたのである。

そしてこの時代においても、外交使節が相手国に到着して最初に行われるのが贈り物の交換であった。スフォルツァが、盟友コジモの息子でフィレンツェの最大実力者ロレンツォ・デ・メディチ（一四四九～一四九二）に贈ったものには、金糸銀糸が縫い込まれ、革や金属で飾られた豪華な衣服に加え、猟犬、ハヤブサ、馬といった狩猟で使う動物たちまで含まれていた。

当時のヨーロッパで一般的に見られた王侯間の贈り物としては、ルネサンス最盛期のイタリアの絵画や革製品、オスマン帝国からの絨毯《じゅうたん》、シリア製の金属加工品、中国製の陶磁器、アジア・アフリカ・アメリカからの珍しい動物や鳥などがあった。ポルトガル国王のマヌエル一世（在位一四九五～一五二一年）など、ときのローマ教皇レオ一〇世（在位一五一三～二一年）に象を贈ってきた。

レオ一〇世の先代の教皇で、聖ピエトロ大聖堂の改築を命じたユリウス二世（在位一五〇三～一三年）は、イングランド国王ヘンリ八世（在位一五〇九～四七年）に「パルミジャーノ・レッジャーノ（パルメザンチーズ）一〇〇個とワイン数樽」を贈ったとの記録もある。パルミジャーノ・レッジャーノは、今日でも高価なチーズであるが、当時から貴重な贈り物として、キジやヤマシギ、ヤマウズラやウサギなどの鳥獣類とともにイタリアでは貴人の間で頻繁に贈られていたようである。

そのローマ教皇が鎮座《ちんざ》まします、ローマの中央部に位置するバチカンこそが、宗教改革（一五一七年）以前のヨーロッパ国際政治にとってはまさに中心地であった。中世以降のヨーロッパにおける贈り物交換や接遇のあり方、さらには情報収集のあり方もすべてこのバチカンで形成されていったものである。

そもそもの「常駐大使」も、大本をただせばバチカンに起源がある。すでに六〜八世紀という早い段階で、ローマ教皇庁は東ローマ帝国の都コンスタンティノープルに大使館を置いていた。ギリシャ語の文化に基づく東方正教会の拠点に、ラテン語の文化に基づく西方教会の首長として「教皇大使（nunziature）」は置かれた。ただし前章でも示したが、東ローマ帝国の皇帝は自らをキリスト教世界全体の首長と自任しており、やがて一〇五四年に東西キリスト教教会の「分裂」により、教皇大使館も閉鎖となってしまう。

ラファエロ『ユリウス2世の肖像』（1511年頃）

その後、一一世紀末からの十字軍遠征の失敗や、教皇がローマとアヴイニョン（フランス南東部）の双方に擁立された「教会大分裂（シスマ：一三七八～一四一七年）」などにより、ローマ教皇庁の政治的な威信は傾いた。一五世紀半ば頃までには、教皇は「普遍的な西方教会」ではなくローマとその周辺部分からなる「ローマ教皇領」を具現する存在へと矮小化《わいしょうか》してしまう。

ヘンリ７世

とはいえ、宗教的な威信は相変わらず強く、各国が常駐大使を派遣するようになると、ローマはその中心地となった。各国はこぞってローマに大使館を設けた。なにせ「公式の」大使館など存在しなかった時代から、教皇庁がヨーロッパ全土に設けた教会や修道院は、各国の政治や外交をバチカンに伝える諜報《ちょうほう》機関の役割も果たしていたのである。ローマにはヨーロッパ中のあらゆる情報が集まっていたのだ。

このため、自国に常駐大使を置くことには躊躇《ちゅうちょ》したルイ一一世のフランスや、同じく慎重な性格で知られたイングランドのヘンリ七世（在位一四八五〜一五〇九年）でさえ、ローマにだけは大使館を設置したのである。経費削減を旨とするヘンリにとって、ヨーロッパ情勢を知るにはローマからの情報だけで事足りたそうである。イングランドが各地に大使館を設け、ヨーロッパ国際政治により積極的に関与するのは、次代のヘンリ八世からのこととなる。これについては次章で詳しく扱うことにする。

格付けにこだわる王侯たち

一五世紀半ばのローマには二万五〇〇〇から三万人の市民が生活し、一六世紀半ばには五万人を少し超える程度の人口であったとされている。とはいえ、ローマには高級住宅地といえるようなところは少なく、そのぶん各国の大使たちは「大使館」設置のため一等地の邸宅を借りようと競い合っていた。各国は、自国出身の枢機卿《すうききょう》（高位の聖職者で教皇選出にあたり選挙権と被選挙権を有する）をローマ駐在の常勤大使として派遣するケースが大半であった。より詳細な情報を手に入れようと、自国人とイタリア人の枢機卿の双方を派遣するという二人大使体制をとる場合もあった。

やがてここに大問題が生じていく。大使らの「席次《せきじ》」である。バチカンでは毎日曜日にミサが開かれ、クリスマス（キリスト生誕祭）やイースター（キリスト復活祭）など特別な礼拝も年に何度か開かれる。そのときにどこの国の大使が礼拝堂のどこに座るのか、という「席次」は実は大きな問題を抱えていた。大使の「席次」はすなわち彼らが代表する主君の「席次」をそのまま反映するからである。同じ国王でも、あるいは同じ公爵でも、自国のほうが上だとする自意識は、古今東西どこにでも見られる現象であろう。

たとえば江戸時代の日本でもそうである。征夷大将軍の居城「江戸城」で元日や五節句など大切な儀式の際に、どこに誰が座るかという問題は大きかった。幕府では「武家官位」という、律令時代（八世紀）から奈良・京都の都で採り入れられた官位や官職によって、それぞれの序列が決まっていた。徳川御三家なら従二位大納言や従三位中納言が「極官《ごっかん》」とされ、それ以外の大名たちも家格《かかく》に応じて家督相続時とその後の極官が厳格に規定され、その時々の官位・官職に応じて座る場所も決められていたのである。

同じ官位・官職にある場合には、先任順で場所が決められていたため、本来の家格などが逆転して座らされる場合も見られた。このため、同じ官位・官職が極官である場合には、自分のほうが早くに昇進できるよう「猟官」活動を展開する大名もいたようである。

バチカン（サン・ピエトロ大聖堂）

話を中世ヨーロッパに戻すが、聖ピエトロ大聖堂などで教皇自ら司式するミサにおいて、どの国の大使がどこに座るのかも、これと同じくらいに重要な意味をもったのだ。

たとえば、近代外交の嚆矢《こうし》を築いたスフォルツァも、ミラノ公としての自らの宮廷では、①教皇、②神聖ローマ皇帝、③フランス王、④その他の諸王、⑤枢機卿、⑥選帝侯、……といった具合に、各国からの大使の序列を設けていた。

しかしバチカンは、ミラノ以上に、まさにヨーロッパ全土から王侯たちの代表が一堂に会する場所である。ここでの大使の「序列」がすなわちヨーロッパ国際政治における王侯自身の「序列」につながった。みなライバルより下には行きたくないはずである。

ローマ教皇庁で長年にわたり式部官《しきぶかん》を務めた人物が残

した「王侯の序列（Ordo Regum）」によると、一六世紀初頭のバチカンにおける序列は以下のとおりである。次章での説明にも関わってくるので、少し長くなるがすべて載せておく。

まずは王様である。

①神聖ローマ皇帝
②ローマ王
③フランス王
④スペイン王
⑤アラゴン王
⑥ポルトガル王
⑦イングランド王
⑧シチリア王
⑨スコットランド王
⑩ナヴァラ王（イベリア半島北東部）
⑪キプロス王

⑫ボヘミア王（現在のチェコ）
⑬ポーランド王
⑭ダキア王（現在のルーマニア）
⑮マヨルカ王（スペイン東部沖のバレアレス諸島）
⑯サルデーニャ王
⑰ノルウェー王
⑱スウェーデン王
⑲アルメニア王
⑳アイルランド王
⑳ボスニア王

次に「王」ではない領主たちは以下のようになる。

①ブルターニュ公（フランス北西部）
②ブルゴーニュ公（フランス北東部・ネーデルラント）

③バイエルン公（ドイツ南部）
④プファルツ伯（ドイツ西部）
⑤ザクセン公（ドイツ中北部）
⑥ブランデンブルク辺境伯（ドイツ北部・ポーランド）
⑦サヴォイア公（イタリア北西部・フランス東部）
⑧ミラノ公
⑨ヴェネチア首長
⑩フランケン大公（ドイツ中西部）
⑪ロレーヌ公（フランス東部）
⑫バタニア公（現在のハンガリー）
⑬オルレアン公（フランス王家の分家）
⑭ジェノヴァ首長
⑮フェラーラ公（イタリア北東部）

当時のいろいろな地名が並んだため、読者にあまりなじみのない名前も多いかもしれない。

「ローマ王」とは、神聖ローマ皇帝を次代に引き継ぐ予定のもの（すなわち皇太子）や、選帝侯による選挙で「皇帝」に選ばれたものの、ローマ教皇から正式に戴冠される前までの称号として使われたものであり、ここではあまり考えなくてよい。すなわち、神聖ローマ皇帝の次にくる「王」のなかでは、フランス王が最高位にあると考えられていたわけである。

　この序列が、一六世紀後半にフランスとスペインの確執の火種になるのだが、その点は次章で述べることにしよう。

東方には拡がらなかった「常駐大使」——オスマン帝国の場合

　このように一五世紀半ば以降に、近代的な大使や大使館が登場し、それに基づく「外交」も展開するようになったヨーロッパ世界であるが、それではなぜもっと長い歴史を有する中東や東アジア世界には「常駐大使」や「大使館」のような存在が現れなかったのだろうか。さらにいえば、ヨーロッパに大使や大使館を活用した「外交」が根づいていったのに、それが東方へとすぐには拡がっていかなかったのはなぜなのか。

　結論を先に述べてしまえば、本書でもすでにたびたび言及しているとおり、「外交」を結ぶためにはお互いが「対等」だと認めあう関係が必要になってくる。一五世紀半ば以前のアジアはもとより、一六世紀以降のアジアにもそのような考え方が生まれなかったのか、あるいは一時なりともめばえたのだが、すぐに消えてしまうような運命にあったのであろうか。

コンスタンティノープルを陥落させる以前から、オスマン帝国（一二九九～一九二二年）は東方貿易を通じてイタリア諸国とは関係があった。とりわけヴェネチアとジェノヴァは、オスマンとの良好な関係なくしては「商売」が成り立たない状況だった。コンスタンティノープル陥落の翌年（一四五四年）には、早くもヴェネチアは新たにオスマン帝国の首都となったイスタンブール（コンスタンティノープル）に総領事を常駐させるようになり、東方貿易の継続に努めた。

オスマン自体にも、もちろん贈り物の交換や情報収集といった「外交」活動は見られた。イスタンブールの中央情報局を中心に据え、国境地帯に派遣している地方官からの情報や、イスタンブールに駐在する属国から派遣されてきた役人たちからの情報、さらに各国へと派遣しているスパイたちからの情報などが集められている。

さらにイスタンブールにはやがてヨーロッパ各国から外交官が常駐するようになった。しかし彼らの大半はトルコ語を理解できず、つねに通訳をつけなければ皇帝（スルタン）や政府高官らとも意思疎通ができないという難点があった。皇帝の側では、ポーランドやハンガリー、ギリシャなど近隣のキリスト教国出身者でイスラームに改宗したものたちを通訳官に雇って、ヨーロッパの外交官らと交流した。

　しかし一六世紀初頭になると、オスマン帝国はさらに領土を拡大し、「普遍的な帝国」を治める「世界の王」という観念もめばえてくる。新興勢力のサファヴィー朝（一五〇一～一七三六年）がイランに一大勢力を築き、オスマンの唱える宗主権や宗教的正統性に挑戦をしかけてくることになった。王朝の開祖イスマーイール一世（在位一五〇一～二四年）は自らを「シャーハンシャー（王のなかの王）」と称した。この称号はかつてサーサーン朝のペルシャ皇帝でメソポタミアをローマから奪い取ったシャープール一世（在位二四一～二七二年）が名乗ったとされるものだった。

　サファヴィーの台頭に対抗したときのオスマン皇帝セリム一世（在位一五一二～二〇年）がイスマーイールを退けるとともに、一五一五～一六年の一連の戦闘でセリムはシリア、パレスティナ、ヒジャーズ、エジプトを次々と征服した。とりわけ、ムハンマドにもゆかりの深いメッカとメディナという二つの聖地を制覇し、「二聖地のしもべ（のちに守護者）」と称したことで、セリム一世はイスラーム世界で比類のない正統性を確立したのであった。

　このセリムが急死したことで帝位を継承したのが、のちにオスマン帝国の最盛期を築いた

スレイマン1世

とされる、息子のスレイマン一世（在位一五二〇～六六年）である。サファヴィー朝との闘争にひとまずは決着をつけ、イスラーム世界で最高峰となっていたスレイマンの次なる狙いは「異教徒」であるキリスト教徒からなるヨーロッパ世界を制覇することだった。

実際に、こののちスレイマンはハンガリーを滅ぼし、ハプスブルク帝国の都ウィーンを攻囲し（一五二九年）、ヨーロッパ人たちに「オスマンの脅威」を植えつけていく。のちに「大帝」と呼ばれることになったスレイマンの外交姿勢は、明らかに「不対等性」に基づくものになっていた。たとえば、彼が神聖ローマ皇帝カール五世に宛てた親書は、こ

オスマン帝国の最盛期（スレイマン１世の時代）

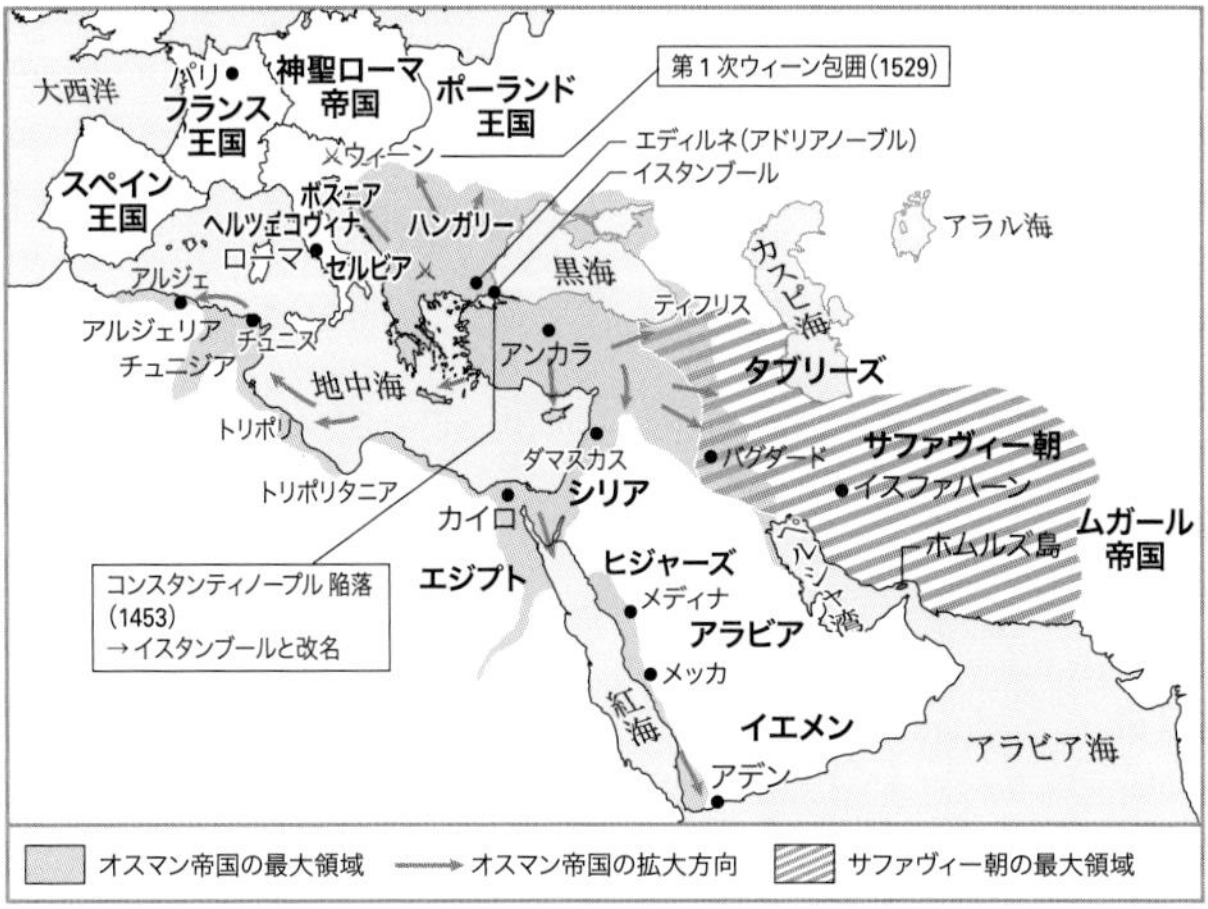

のような書き出しから始まった。「その方、スペイン地方の王《クラル》、カルロであろう。以下のことを知れ」。オスマン帝国では、真に実力のある君主には「帝王《パーディシャー》（padisah）」という呼称を与えていた。オスマン皇帝自身がそう名乗っていたが、スンナ派ではなく、シーア派という亜流にすぎないサファヴィー朝の君主にはこの呼称は与えなかったとされる。それゆえ彼らは「シャーハンシャー」にこだわったのかもしれない。オスマン皇帝が「帝王《パーディシャー》」と呼びかけたのは、はるか遠くのインド中央部を支配していたムガール帝国（一五二六〜一八五八年）の皇帝（スンナ派）ただひとりであった。

ここでカール五世に与えた「クラル

(kral)」とは、あえて訳せば「土侯《どこう》」程度の存在にすぎなかった。カールだけではない。やがてスレイマンがカールへの包囲網を築くために同盟関係を結ぶ、フランス王フランソワ一世にしても「クラル」と呼ばれた。

さらにイスタンブールに押し寄せてきたヨーロッパの外交使節にしても、オスマン朝の礼装であるカフタン（長衣）をまとって、皇帝の前に平伏し、場合によっては地面に接吻《せっぷん》することまで強要され、これを拒《こば》めば謁見などできなかったほどである。

オスマンが強大な帝国になるに従い、そこに現れた対外関係は、「イスラームの家」に属する国とそれ以外の「戦争の家（異教徒世界）」に属する国との峻別《しゅんべつ》にも基づき、オスマンが上でヨーロッパが下という「不対等性」を基調としたものになり、そこに「外交」が生まれる余地はなくなっていた。このためヨーロッパ諸国はイスタンブールに「常駐大使館」を「置かせていただいた」が、オスマンの側は劣等民族からなるヨーロッパの諸都市に大使館を置くことはなかった。こうした状況に変化が見られるのは、一八世紀末まで待たなければならない。

華夷秩序の世界——明・清の中華帝国

一六世紀のユーラシア大陸は、西からオスマン、サファヴィー、そしてムガールと強大なイスラーム帝国が君臨し、ヨーロッパの弱小勢力ではとても「外交」を展開できる状況にはなかった。こうした情勢は東アジアでも変わりがなかったのだ。

春秋時代の中国（紀元前500年頃）

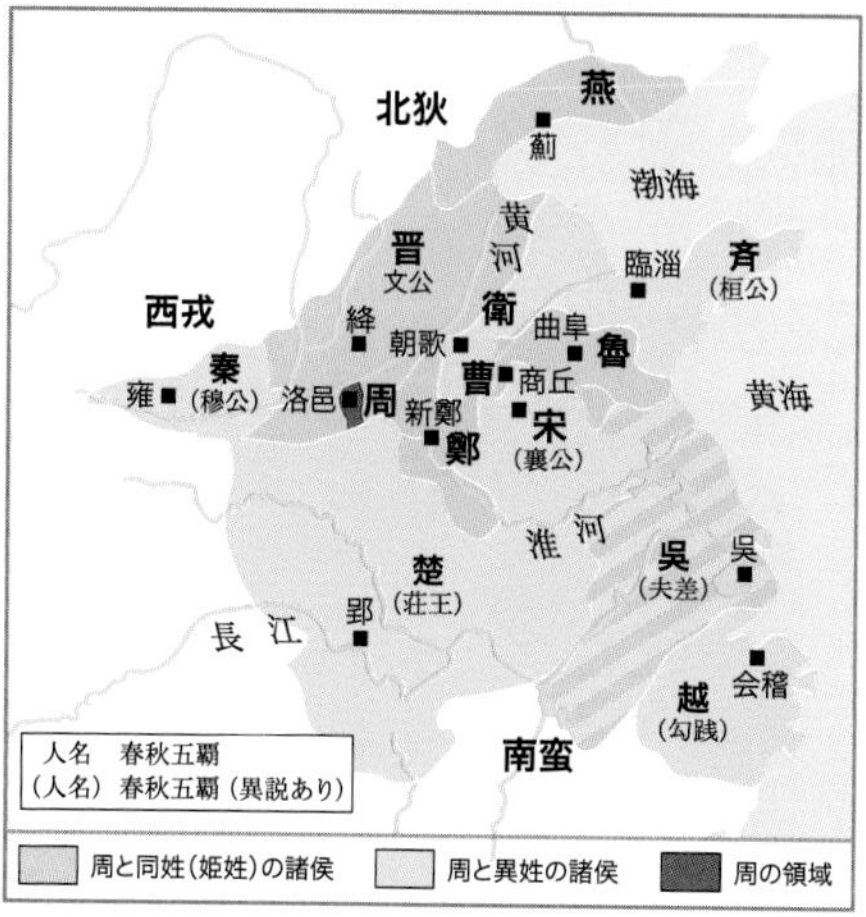

古代の殷《いん》や周の時代を経て、俗に「春秋戦国」と呼ばれた時代（紀元前七七〇～前二二一年）には、中国各地もまさに群雄割拠の状況にあり、そこには戦争ももちろんあったが、「外交」も存在した。

特に春秋期に北西部に勢力を誇った晋《しん》は、文公（在位紀元前六三六～前六二八年）の時代に結ばれた「践土《せんど》の盟」（紀元前六三二年）から定公（在位紀元前五一二～前四七五年）の時代の「皐鼬《こうゆう》の盟」（紀元前五〇六年）までの一二〇年余にわたって「覇者体制」を確立したが、それを支えたのが「会盟」と呼ばれた晋と同盟諸侯国との協議の場であった。

その開催の目的は、同盟の維持・更新、同盟離反国への共同制裁、同盟国同士の交戦の禁止や他国からの亡命者受け入れの禁止など同盟内の平和維持、同盟外からの攻撃に対する共同防衛、同盟国における内紛の調停、同盟国の災害の援助などを協議決定することにあり、基本的に同盟及び同盟国の保全のためであったとされる。

なお、同盟国には、会盟への参加、軍役など会盟での決定事項の履行《りこう》、勤王《きんのう》、晋への朝《ちょう》聘《へい》（諸侯が朝見して、天子に物を献ずること）・貢納が課せられていた。前章で紹介した、古代ギリシャのデロス同盟やペロポネソス同盟以上に、細密で厳格な同盟関係が「外交」によって構築されていたといえよう。

また戦国期に入ると、俗に「戦国七雄」と呼ばれる、秦《しん》・楚《そ》・斉《せい》・燕《えん》・趙《ちょう》・魏《ぎ》・韓《かん》の七つの国が台頭してきた。なかでも西部に勢力を拡げた秦に対して残りの六ヵ国が協力体制を築く（合従《がっしょう》策）と、これに対抗して秦が六国それぞれと個別に交渉して協力体制を切り崩そうとしたこと（連衡《れんこう》策）から、「合従連衡」という言葉が生まれたのは有名である。こうした「外交政策」は縦横《じゅうおう》家《か》と呼ばれた策士（思想家）によって編み出された。

合従連衡が進むなかで、東の斉と西の秦がそれぞれ勢力を拡張し、紀元前二八八年にはそれぞれの王が「東帝」「西帝」を名乗るようになった。しかしやがて残りの五国とともに斉も滅ぼされ、紀元前二二一年にかの始皇帝《しこうてい》（在位紀元前二四七〜前二一〇年）により秦帝国が形成された。これ以後は「中原の地」を中心に漢や隋、唐といった強大な帝国が登場するようになると、中華の帝国と周辺の夷狄《いてき》（蛮族）の間には「中華思想」あるいは「華夷《かい》思想」に基づく主従関係もしくは上下関係が生まれ、ここにも「不対等性」が現れてくるのである。

戦国時代の中国（紀元前４世紀ごろ）

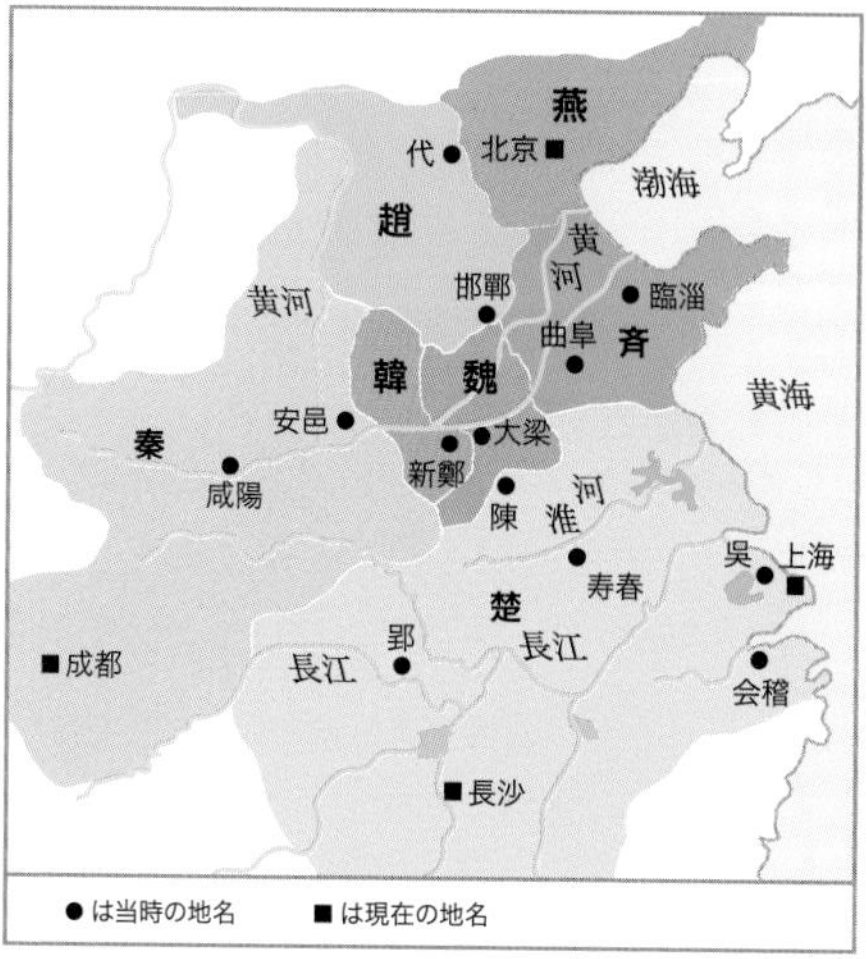

　こののちも、北宋の時代（九六〇〜一一二七年）には、北部から遼《りょう》が台頭すると両国の間で「澶淵《せんえん》の盟」が結ばれ（一〇〇四年）、両者の国境を維持するとともに、北宋を兄、遼を弟とする「兄弟の礼」の関係が築かれ、北宋から遼には毎年銀と絹が贈られることで和議が成立した。「兄弟の礼」とは、まさに第一章のはじめのほうで

北宋と遼

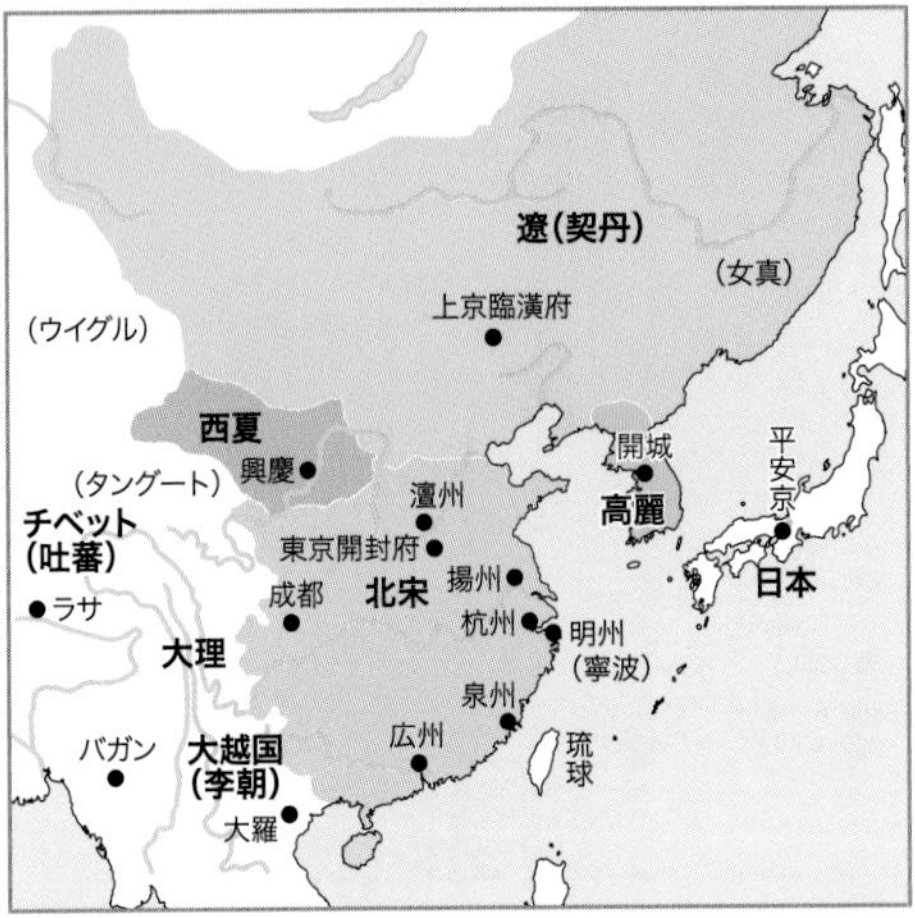

紹介した、古代中東世界の大国間に見られたような「外交」関係といえようか。

しかしこれも、北部に新たに登場した金《きん》と北宋とが「海上の盟」を結んだことで終焉《しゅうえん》を迎え（一一二〇年）、両国に挟まれた遼は滅亡する。「澶淵の盟」に代表されるように、盟約で相互をしばり疑似国際的な関係を構築することを「澶淵体制」と呼ぶようになり、それは同じく北宋と西夏、金と南宋（一一二七〜一二七九年）の関係にも見られた。

中国の地形は、ヨーロッパや日本に比べても平坦であるため、結果として各地域の独立性が弱くなり、帝国が崩壊したのちも、別の勢力による再統一に有利に働いたのではないかとされている。この結果、中国は歴史上何度となく分裂を繰り返したが、短い場合には数年、長い場合では数百年にわたる内乱を経て、必ず統一王朝へと回帰していった。これが「中原の地」に強大な帝国を生み出す要因となり、それは華夷秩序へとつながった。

華夷秩序を特に強調したのは、モンゴルによる支配を受けた後に、漢人による統一王朝を打ち立てた明《みん》帝国（一三六八～一六四四年）である。明は周辺の蛮族とは「朝貢」や「冊封」といった関係で結ばれていったが、ここには対等の関係に基づく「外交」はありえなかった。皇帝に謁見を求めたいのであれば、外国人も「五拝三叩頭《ごはいさんこうとう》」という皇帝の前で頭をつけてひざまずく儀礼を要求された。

それは明を倒して登場した清王朝（一六四四～一九一二年）の時代になってからも同様で、対等な関係での「外交」が諸外国に許されることはなく、皇帝の前では「三跪《さんき》九叩頭《きゅうこうとう》」が要求されたのである。

また明代には、有名な武将の鄭和《ていわ》（一三七一～一四三四）による「南海遠征」と呼ばれる東南アジアからインド、アラビア、アフリカ東海岸に至る空前の遠征も行われている。しかしこれは近代的な意味での「友好・親善の旅」ではなく、鄭和が訪問先に求めたのは臣下として明に朝貢することであり、両国の間に君臣関係を結んで、安定した国際秩序を築くのが目的だったのである。いわゆる近代的な「外交」とは異なるものであった。

さらにこの時代の日本も、ヨーロッパに近代的な外交の息吹がめばえた頃には、キリシタ

明の朝貢図

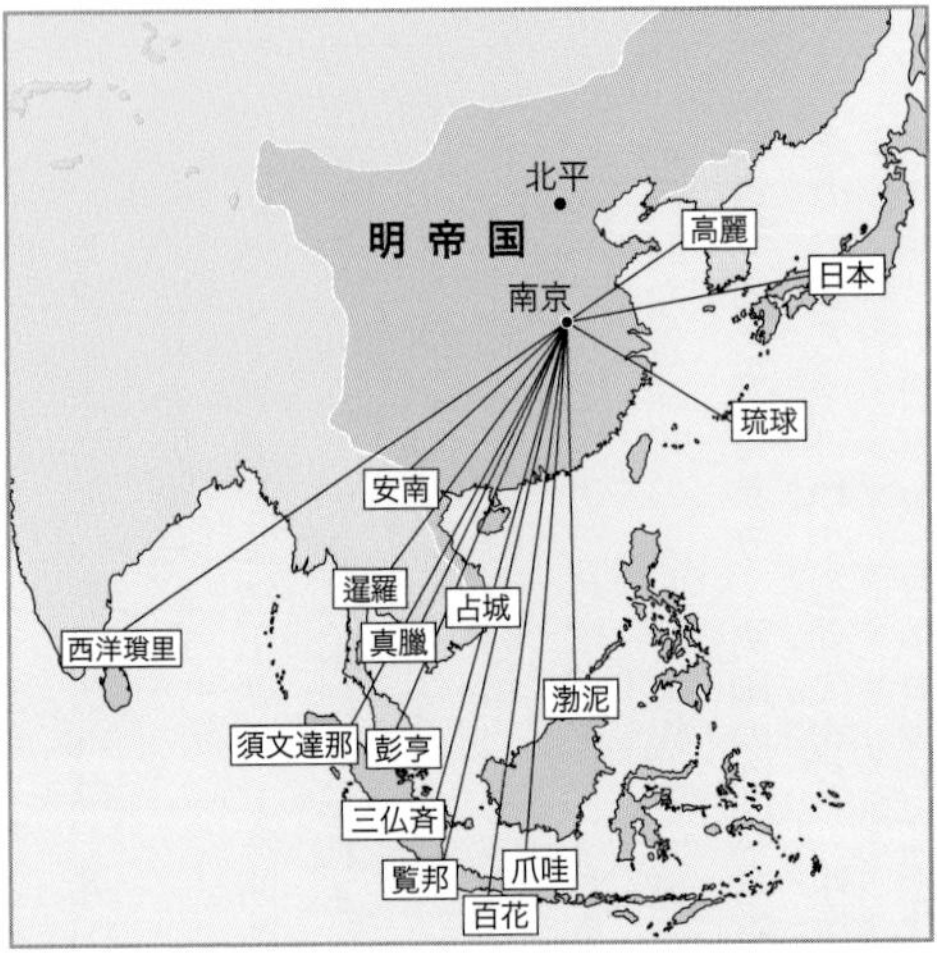

ン禁令やいわゆる「鎖国」の体制に突入しており、ヨーロッパ各国にしても、中華帝国を飛び越えてまで日本に「常駐大使館」を置こうとまでは考えていなかったようだ。

　このように、オスマン以東のユーラシア大陸に位置するアジア諸帝国は、一五世紀後半にヨーロッパで「常駐大使」や「大使館」が本格的に姿を現して以降しばらくの間は、そうした慣例を受け入れることもなく、それぞれに広大な領土を手に入れていった。

　それと同時期に、ヨーロッパでは大使や大使館を利用する「外交」も徐々に拡大を見せていったが、その大使らをお互いに派遣する王侯たちを主役とする「宮廷外交」のほうも一六世紀以降に大きく発展していくことになったのである。

第三章　宮廷外交の黄金時代

――一五二〇〜一九一三年

ナポレオン３世にガーター勲章を贈るヴィクトリア女王（M・ウォード画）

饗宴外交のはじまり——金襴の野の会見

一五世紀半ば以降に、ヨーロッパ各地に「常駐大使館」が徐々に設置されるようになり、一七世紀後半までに大使館には豪奢《ごうしゃ》な建造物が使われ、そこで外交官らによって繰り広げられる饗宴《きょうえん》も、「外交」にとってきわめて重要な意味を持つようになっていく。

その先駆けともいうべき饗宴外交が、今から五〇〇年前に行われ、そののち長くにわたりヨーロッパの外交世界で語り草となってきた「金襴《きんらん》の野（The Field of Cloth of Gold）の会見」と呼ばれる一大ページェントであった。

会見が行われたのは、フランス北部の港町カレーから南西に一七キロほどの場所にあるアルドル。ここにときのイングランド国王ヘンリ八世（在位一五〇九～四七年）とフランス国王フランソワ一世（在位一五一五～四七年）が、大勢のお供を引き連れてまさに鳴り物入りで乗り込んできたのだ。トランペットが華やかに鳴り響くなか、二人の国王は黄金色の衣装に身を包み、馬上で抱き合った。王とともに入城した三〇〇〇人の兵や馬も、すべて真紅のベルベットの衣装やきらびやかな金具で飾り立てられていた。

この会見は、一五二〇年六月七日から二四日までの一八日間にわたり続けられた。これに先立つこと二年前、一五一八年にヘンリが音頭を取るかたちでヨーロッパ中の主要大国と二

○ほどの中小国との間で「ロンドン条約」が結ばれた。その前年の一五一七年一〇月にドイツ中部のザクセンでマルティン・ルター（一四八三〜一五四六）により「九五ヵ条の提題」が出され、ローマ教皇庁の腐敗が糾弾された「宗教改革」が始まったのである。ヘンリはこのルターの動きを早期に止めようと、キリスト教徒の王侯らが一致団結して「普遍的な平和」を築くべきであると提唱したのである。

ヘンリ８世

当時のヨーロッパ国際政治は、まだ国王に即位したばかりのフランソワ一世とスペインのカルロス一世（在位一五一六〜五六年）との競合関係によって大きく左右されていたが、両王ともにロンドン条約に調印し、ヘンリは「平和の調停役《ピース・メイカー》」を気取っていた。

ところが所詮イングランドなど当時は二流国にすぎなかった。フランソワもカルロスも「先輩」であるヘンリの顔を立てて条約に調印したものの、和解はわずか一年で瓦解《がかい》する。一五一九年にカルロスの祖父でハプスブルク家の当主マクシミリアン一世が崩御《ほうぎょ》し、ここに新たな神聖ローマ皇帝を選ぶ選挙が行われることになったのである。

フランソワ1世

　第二章でも論じたとおり、すでに一五世紀半ばから皇帝にはハプスブルク家の新当主が選ばれる「慣習」にあったが、ここに異変が生じてしまう。皇帝を選ぶ選挙権を持つ選帝侯のなかには、ルターの唱える宗教改革に賛同するものたちが複数おり、ローマ教皇庁の熱心な支持者であるカルロスの姿勢に反発していた。ルターの活動を支持した彼の領主にあたるザクセン選帝侯がその筆頭であった。そこにフランソワがつけ込んできたのである。

　このの ち皇帝選挙は熾烈《しれつ》を極めた。フランソワは選帝侯らに莫大な黄金を贈り自身への投票を要請した。対するカルロスも買収作戦では負けてはいなかった。このときフランソワが用意した黄金は、重さにして一・五トンに及んだとされる。しかしカルロスにはかなわなかった。彼は二トンぶんの黄金（八五万フローリン）をばらまき、見事当選する。ここに神聖ローマ皇帝「カール五世（在位一五一九～五六年）」が登場した。それはカール（以後、本書ではカール〈五世〉と呼ぶ）が手に入れた七一番目の称号であった。カールは様々な相続の関係から一八もの王冠を戴《いただ》くヨーロッパで最大の実力者となっていた。

ここに亀裂が入ったカールとフランソワとの関係を何とか修復したい。ヘンリ八世は、翌一五二〇年の五月末と七月、すなわち「金襴の野の会見」をはさむかたちで、カールと二度にわたり会談し、金襴の野ではフランソワと会見して、両者の和解に尽くしたのだ。

しかしなぜ「金襴の野」と呼ばれるのか。フランス王はこの草原に、金糸で編まれた布に覆われた巨大なテントをいくつも設営した。最大のものは高さ三六メートルにも及んだとされる。まさに草原全体が金襴で覆われているかのような豪華さであったといわれる。対するイングランド王も豪華な布地と木材で全長一〇〇メートルにも達する仮宮殿を設営した。当時は貴重品だったガラスもふんだんに使われたため、フランス側は「水晶宮《クリスタル・パレス》」と呼んだとのことである。それぞれのテントや仮宮殿には、英仏双方の技術の粋を結集した様々な工芸品が配された。これまた英仏両王の意地の張り合いだった。

　ただし今回はイングランド王に軍配が上がったのかもしれない。会見二日目の六月八日、アルドルの上空に巨大なドラゴンが突如姿を現したのである。それはイングランド側が準備した巨大な凧《たこ》であった。見事な色彩が施された凧は口から火を噴く花火までしかけられ、大空を優雅に飛翔した。これにはさすがのフランソワ一世も呆然《ぼうぜん》とするしかなかった。

贅を尽くした饗宴の数々

　一八日間に及んだ会見ではあったが、政治的な話し合いはほんの少しだけ。あとは騎乗槍《やり》試合や格闘技、祝祭、そして日曜にはミサなどが行われ、両王は心ゆくまで楽しんだ。ヘンリとフランソワが揃っての宴会は三回（六月一〇・一七・二三日）のみ行われ、あとはそれぞれの王妃やヘンリの妹で先代のフランス王に嫁いだメアリや、当時フランソワの庇護《ひご》下にあったナヴァラ王エンリケなども交え、双方のテントや仮宮殿を訪ねての午餐《ごさん》や晩餐が催された。「金襴の野」に集まったのは英仏総勢で一万二〇〇〇人にのぼった。

　六月一〇日の晩餐は、二〇〇名の紳士と一三四名の淑女が参加し、ヘンリは黄金の皿に載せた五〇ものコースを振る舞ったという。豚肉、牛肉、羊肉、キジのシチューや、当時は高級な食材だった白鳥、そして雄鶏や子豚の丸焼き、鹿肉のパイなどがメインであった。

この一八日間の会見のためにイングランド側が用意した食材は、羊と子羊が三四〇六頭、仔牛八四二頭、牛三七三頭、各種の豚六九匹など肉類だけでも大変な数に及んだ。しかもこれらの家畜はすべて生きたまま連れてこられ、食べ頃になって食肉処理されるまで牧草地で飼育されていた。さらに魚類は、ツノガレイ、ヒラメ、アナゴ、ザリガニ、そして哺乳類だがネズミイルカなどが、これまた食材として供されるまで真水や塩水の水槽の中で飼育され、晩餐の席に出されていった。加えて様々な種類の鳥類も六四七五羽（うち一三羽が白鳥）用意され、使われた鶏卵は総計で九万八〇五〇個にものぼったとされる。

もちろんワインなどの飲み物にも事欠かなかった。ボルドーやブルゴーニュはもとより、近隣からも大樽が取り寄せられ、二〇万リットルものワインが供された。仮宮殿前には、そのワインが吹き出す噴水まで造られていたとされる。もちろんイングランド人の好きなビールも六万六〇〇〇リットルも用意されていた。

そして君主同士の会見ともなれば、「アマルナ文書」の古代中東世界の時代から相も変わらぬ「贈り物の交換」である。残念ながら、「金襴の野の会見」でどのような贈り物が交換されたのかに関する詳細な記録は残っていないようであるが、フランソワ一世からはヘンリ

八世にマントヴァ産の駿《しゅん》馬《め》が贈られたようである。

第二章でもすでに紹介したとおり、一六世紀になると王侯同士の贈り物はさらに豪華になっていった。先述のロンドン条約が締結されたとき（一五一八年）には、フランスからの外交使節にヘンリ八世は特大の銀製カップを五二個も贈っている。さらに翌一九年六月にはフランソワの次男アンリ（のちの国王アンリ二世）の洗礼式のお祝いに、

『金襴の野の会見』　左下に馬に乗って到着するヘンリ８世の姿が。

豪奢な金製の食器類がヘンリからフランス王妃に贈られた。

この時代になると、それぞれの国の工芸技術の粋を競い合うような贈り物も頻繁に見られるようになる。金襴の野の会見では、最終日（六月二四日）の別れ際に、ヘンリ八世からフランソワ一世にはダイヤモンドと真珠で彩られた頸飾《くびかざり》が、フランソワからヘンリには数々の宝石がちりばめられた腕輪《ブレスレット》がそれぞれ贈られ、友好を確かめ合ってそれぞれの帰路に就いたとされる。

この「金襴の野の会見」には、果たしていくらぐらいの費用がかかったのであろうか。フランソワの側はおよそ四〇万リーヴル（当時の英貨にして四万ポンド）を使ったとされる。今日の貨幣価値に直すのはなかなか難しいことであるが、この当時、フランス王が手にした塩税（ガベル）が年間に四〇万リーヴルであったとされるから、それと同額になる。王の年収は三〇〇万から四〇〇万リーヴルの間とされており、年収の八分の一から一〇分の一をこのわずか一八日間のためだけに使った計算になる。

対するヘンリはもっと大変だった。もともとウェールズの田舎豪族の出自から国王になった家（テューダー家）であり、父のヘンリ七世が辣腕《らつわん》を振るって年収を一〇倍に増やしてくれたものの、当時のイングランド王の年収は一〇万ポンド少し。そのヘンリ八世が、「金襴の野の会見」に要した金額は三万六〇〇〇ポンドほどであったとされる。年収の三分の一を超えると同時に、通常の年間の宮廷維持費より高いくらいであった。

まさにルネサンス全盛期のヨーロッパにおける、国王同士の見栄の張り合いが最高潮に達したのがこの「金襴の野の会見」であったといえよう。しかしフランソワにとっても、ヘンリにとっても、「戦争」に比べればはるかに安く済んだのである。これより七年前にヘンリがフランス遠征に費やした金額は一〇〇万ポンド以上に達していた。自身の年収の実に一〇倍以上である。ヘンリにとって「外交」は「戦争」よりは安上がりだった。

　とはいえ、これだけ贅を尽くした「外交」を展開したところで、「戦争」が起こらない保証などどこにもなかった。現に、「金襴の野の会見」から二〇年余を経過した一五四三年に、ヘンリ八世はカール五世に引きずられるかたちで対仏戦争に乗り出した。ところがカールはヘンリなどお構いなしにフランソワと早々に講和を結び、残されたヘンリが和平にこぎつけたのはそれから三年も経《た》った四六年六月のことだった。この間にヘンリは一六〇万ポンド以上も遠征費につぎ込み、しかも結果は徒労に終わったのである。

宿命のライバル――カールとフランソワ

　このように一六世紀のヨーロッパでは、外交と戦争とが巧みに配されながら、国際政治が展開していった。特に西欧における情勢を左右したのが、カール五世とフランソワ一世のふたりである。それは「宿命のライバル」といっても過言ではない関係にあった。

　そもそもカールの父方の家系であるハプスブルク家も、中世初期まではスイス北東部の小貴族にすぎなかった。それが政略結婚によって次々と所領と財産を殖《ふ》やし、現在でいうチェコ、ハンガリー、オーストリアはもとより、北方ルネサンスの中心地ブルゴーニュ、そしてスペインとその支配地にまで領土は拡がった。カールの母方の祖母イサベル一世は、一四九二年にかのクリストファー・コロンブス（一四五一～一五〇六）による「西廻り航路でのインド発見」に資金を提供し、それがのちの「アメリカ大陸発見」につながったことは周知の事実である。カールが「カルロス一世」としてスペイン王に収まっていた間に、遠征軍はアステカ帝国（現在のメキシコ）やインカ帝国（現在のペルー）を滅ぼし、莫大な金銀財宝を本国へともたらす一大帝国をアメリカ大陸に築くようになっていた。

そのハプスブルク家は、いまやヨーロッパ随一の伝統と格式を誇る名家となっていた。カール大帝（ドイツ語でKarl der Große）のフランク帝国以来の正統な後継者を自負していたのがハプスブルク家であり、その当主で大帝と同じ名前のカール五世であった。

ところがヴァロワ王家のフランソワ一世もまた、カール大帝（フランス語ではシャルルマーニュ：Charlemagne）以来の血筋を引くカペー王朝（九八七～一三二八年）の正統な継承者であることを顕示していた。カペー家は、王朝の交替が繰り返された神聖ローマ皇帝の家柄を尻目に、フィリップ一世（在位一〇六〇～一一〇八年）の時代からカール大帝の後裔を意識し、王子にシャルル（カールの仏語読み）やルイ（ルートヴィッヒの仏語読み）など、

カール5世

大帝とその王朝（カロリング朝）にゆかりのある名前をつけるようになった。

　さらに一三世紀末までには、「王はその王国における皇帝である」という格言までフランスでは根づくようになり、あくまでも東フランク（ドイツ）の末裔にすぎぬ神聖ローマ皇帝が、西フランク（フランス）の王で大帝の直系子孫を任ずるフランスの王より上位に立つことはないとする考え方も定着していくのである。それはカペー家の直系が絶えて、分家であるヴァロワ家に王朝が引き継がれた（一三二八年）のちも変わらぬ考えだった。

　そのそれぞれの血統の縮図ともいうべきものがカール五世とフランソワ一世だったのである。カールは、かつての大帝をも超えるように思われた広大な領土を得て、「普遍的な帝国」を治める皇帝として、すべての王侯の上に立つという意識を持つようになっていた。対するフランソワは「普遍的な帝国」などという観念をはねつけ、自ら「陛下（Majesty）」を名乗って、カールと並ぶかそれ以上の権威を示そうと躍起になっていく。

さらにフランソワにとって厄介だったのは、彼がフランスの領土を拡大するためには、カールがつねにその前に立ちはだかる存在だったことである。南にはスペインが、北にはネーデルラントが、さらに当時はフランスのすぐ東にフランシュコンテが控えていたが、これらはすべてカールの所領だった。フランソワは、フランスとドイツは自然の国境線ともいうべきライン川によって隔てられなければならないと考え、ライン左岸に目をつけた。

カールもフランソワもローマ教皇庁の熱心な支持者であった。カールがルター派の教えをあくまでも否定したことから、この決定に「抗議（プロテスト）する人々」という意味でつけられた「プロテスタント」が台頭するなかで、新たに「カトリック（普遍的という意味）」と称してこれを押さえ込みにかかったローマ教皇庁にとっては、この両雄がいがみあっていること自体が、プロテスタント勢力の伸張につながると懸念していた。

しかしフランソワのカールへの対抗心は強まり、ついに異教徒イスラームの盟主でオスマン皇帝スレイマン大帝（在位一五二〇～六六年）と同盟関係で結ばれたフランソワは、カールを東西から挟み撃ちにしていく。

そのような二人も、一五三八年七月にはフランス南岸のエーグ＝モルトで和解の会見を行い、カール五世はハプスブルク家の最高勲章である金羊毛勲章をフランソワ一世に授与し、フランソワのほうはフランス最高位の聖《サン》ミシェル勲章の頸飾《けいしょく》を自らカールの頸《くび》にかけるなどして、両者の関係が良好になることもあった。しかしその直後に、二人はまたもやイタリアをめぐる闘争へと乗り出していく。カールとフランソワとは、まさに「外交と戦争」を繰り返しながら、当時のヨーロッパ情勢を翻《ほん》弄《ろう》していった。それはフランソワが亡くなる一五四七年まで続いたのである。

金羊毛勲章

フランスとスペインの熾烈な争い

しかしハプスブルクとヴァロワの確執は、カールとフランソワの後の時代にまでさらに尾を引いていく。神聖ローマ帝国内でのカトリックとプロテスタントの宗教戦争は、一五五五年の「アウクスブルク宗教平和令」により一応の終結を見た。諸侯らは自由に信仰を選べ、領主の宗派がその国の宗派とされる「棲《す》み分け」体制が採られるようになった。

この翌年（一五五六年）に、カール五世は七一にも及んだすべての公職から退き、帝国の東側（オーストリア・ハプスブルク）は弟のフェルディナント一世（在位一五五六～六四年）とその一族に、西側（スペイン・ハプスブルク）は長男のフェリーペ二世（在位一五五六～九八年）とその一族に譲《ゆず》られることになった。四〇年にわたって実直に支配したカールにとっても、ハプスブルク帝国は治めるにはあまりにも広すぎたのである。

それから三年後に終結した「イタリア戦争（一四九四～一五五九年）」は、半世紀以上にわたりハプスブルク、フランスなど周辺大国を巻き込んで続くと同時に、「近代外交」の幕を開けたイタリア諸国はこれでその力を弱めていく。かのスフォルツァでさえ支配家から追い出された。ヨーロッパ外交の中心地はより北西部へと移っていくことになる。

こうしたなかで顕在化したのが、神聖ローマ皇帝のすぐ次に位置する王の序列をめぐるフランスとスペインとの確執となった。

第二章でも論じたとおり、一五世紀後半からヨーロッパ各国は徐々に「常駐大使館」を各地に置くようになったが、各国がいの一番に設置したのはバチカン（ローマ）であった。そして一六世紀初頭までには、皇帝、フランス国王、スペイン国王……と続くバチカンでの各国大使の席次も明確に決まっていく。

　ところがその直後に生じた宗教改革により、この席次にも大きな変化が見られることになった。ヘンリ八世自身の離婚問題を機に「イングランド国教会」を形成して教皇庁とは袂《たもと》を分かったイングランド王をはじめ、ルター派に改宗したノルウェー、スウェーデン、デンマークの王やザクセン公、ブランデンブルク辺境伯など、プロテスタントの王侯らがバチカンに置いていた大使館を引き揚げることになってしまった。

　こうした序列の改編と同時期に、スペイン国王フェリーペ二世が自国のバチカン常駐大使を通じて、教皇庁に訴えてきたのである。確かにスペインがカスティーリャとアラゴンとに分かれていたような時代には、統一国フランスの王のほうが格上とされたのはわかる。しかしいまやスペインも統一国であるだけではなく、南米や太平洋（フェリーペの島々と名づけられたフィリピン）にまで広大な帝国を擁《よう》している。それにもかかわらず、皇帝の次がフランス王という席次に変わりがないのはおかしい、というわけである。

　このフランスとスペインとの席次の問題は、一六世紀初頭からすでに問題視されていた。

しかしスペイン国王カルロス一世が「カール五世」として皇帝を兼任したことで、その後、問題は沈静化されていたのだ。しかしカール引退後に再び浮上したわけである。

　領土の大きさからいえば、スペイン・ハプスブルクはオーストリア・ハプスブルクを優に凌駕《りょうが》し、フェリーペも本当は「スペイン皇帝」を名乗りたかったようである。しかしオーストリアとの協調も考え、一歩譲ってその次の席次を欲した。きっかけはヴェネチアでの大使の序列にあった。カール五世時代には、スペイン大使は皇帝大使も兼任しており席次でも最上位であったが、もはやハプスブルクは二つに分かれたのであり、スペインはフランスの次に来るべきだとフランス側が主張したのである。すぐにヴェネチアの元老院が討議し、慣例に則《のっと》って、フランスをスペインの上に置いた。これに激怒したフェリーペはヴェネチアからすぐさま大使を召還してしまうことになった（一五五八年）。

　さらにその翌年に、フランス国王アンリ二世（フェリーペより八歳年上）が亡くなり、まだ一五歳の皇太子フランソワが王位に即《つ》くや、フェリーペは自身の立場が有利になったと感じた。こうして教皇庁にあらためて席次に関する要望を伝えたのである。先のヴェネチアからの事例も交え、受け入れられなかったら「大使の召還」も念頭に置かれているとの「脅し」つきだった。最終的には、教皇ピウス五世（在位一五六六～七二年）のときに、序列の問題を蒸し返さないようフェリーペに要請があった。

ピウス五世は対抗宗教改革の旗手であり、プロテスタントに対して一致団結して対峙《たいじ》しなければならないときに、席次の問題でフランスの機嫌を損ねてしまうと、かつてのフランソワ一世のようにオスマンと再び手を結ぶかもしれない。ピウスは、対オスマン戦略のための「神聖同盟」の結成にも力を尽くした教皇であった。フランスがオスマンに近づくなど何と

フェリーペ2世

してでも避けたかったのだ。結局、フェリーペ二世は折れて、ここに席次問題は一応は幕を引くことになる。

とはいえ、こののちもフランスとスペインとの席次をめぐる争いは、ヨーロッパ全土で繰り広げられていく。

フェリーペが没してから半世紀以上も経過した一六六一年には、ロンドンに新しく赴任したスウェーデン大使の歓迎式がタワー埠頭《ふとう》で行われた。イングランド王室が差し向けたスウェーデン大使の馬車のすぐ後ろを、フランスとスペインいずれの大使の馬車が走るかで両国がもめ、なんとフランス大使の御者が殺害されるという事件にまで発展した。このときはスペイン側が陳謝・賠償して事なきを得たが、これほどまで大使の序列というものがヨーロッパ国際政治のなかでは重要になってきていたのである。

最終的にはルイ一四世（在位一六四三～一七一五年）の孫がスペイン国王となり、スペインもブルボン王家（一五八九年以降のフランス王家）となったことで、両国の序列問題はフランスが格上ということで完全に終止符が打たれることとなった。

国際会議のはじまり——ウェストファリアの講和

フランスとスペインとは二国間で席次を争うだけにとどまっていたが、これが多数の国の間で席次を決めなければならなくなったらどうなるのか。しかも宗教改革により、いまやカトリックとプロテスタントの王侯がヨーロッパに入り乱れているご時世なのである。

こうしたときに、一七世紀前半のヨーロッパを「三十年戦争（一六一八〜四八年）」が襲うこととなる。アウクスブルクの宗教平和令から半世紀で、神聖ローマ帝国は再びカトリック諸侯とプロテスタント諸侯の間の争いの場となってしまった。詳細はここでは省くが、周辺の大国も巻き込んで戦争は二〇年以上続き、王侯らは講和を求めるようになった。

一六四二年七月にドイツ北部の港町ハンブルクで仮講和条約が結ばれ、翌四三年七月からドイツ西部のヴェストファーレン（英語でウェストファリア）侯国のミュンスターではフランスと帝国との講和が、オスナブリュックではスウェーデンと帝国との講和がそれぞれ話し合われていくことになった。世にいう「ウェストファリア講和会議」である。

この会議には、ヨーロッパの大中小国、神聖ローマ帝国内の様々な諸侯、さらに帝国内の自由都市や有名なハンザ同盟（都市同盟）の代表など、一八〇ほどの国や地域から大使たちが集まることになった。これだけの外交使節が一堂に会するのは前代未聞である。

ところが、最終的に講和条約が締結されたのは一六四八年一〇月のことであった。会議が招集されてから数えても、五年以上も経過している。いくら前代未聞ともいうべき数の国々から代表が集まったとはいえ、あまりに時間がかかりすぎではないだろうか。しかしここには、史上初めての国際会議ともいうべきウェストファリア会議に特有の問題、さらにはその時代性というものが隠されていたのである。

二一世紀の現代世界に住む読者は、「国際会議」と聞くとまず思い浮かべられるのは、一九七五（昭和五〇）年から始まり、日本も参加している「先進国首脳会議（サミット：近年ではG7という呼び方が定着か）」や、これに新興国などを加えた「G20」、さらに大規模なものだと「国際連合（国連）総会」のようなものではないだろうか。すなわち個別会談も行われるが、基本的には参加国首脳が一堂に集まる形式の会議である。

ところが今から三八〇年ほど前に開かれたウェストファリアの会議では、五年にも及ぶ話し合いのなかで、神聖ローマ皇帝の特使とフランス国王の特使が公式に会ったのはわずか三回だけであった。実は会議の大半は国の大小にかかわらず「二国間交渉」で進められ、全体会合のようなものはほとんど開かれなかったのだ。

なぜそのようなことになったのか。すでに前章そして本章でこれまで述べてきたとおりである。一〇〇人以上もの代表が一堂に会したとしたら、その序列はどうするのか。誰が最初に議場に入り、誰が最後なのか。また座る位置はどうするのか。こうしたことを決めるだけで何日も、いや場合によっては何ヵ月もかかってしまう。現在でも変わらないが、当時の外交官らは特に自国の格付けにこだわっていたのであるから。

このため、現在のわれわれの目から見ればはなはだ非効率的に見えるかもしれないが、条約は二国間交渉の積み重ねの結果として、最終的にまとめられていったのである。

それでも起こる「序列」をめぐる争い

とはいえ会議の形式に気を遣ったからといって、これだけの数の外交官が集まってきたのである。「席次」や「序列」をめぐる争いが起こらないはずもなかった。

たとえば、ミュンスターにローマ教皇庁から特使ファビオ・キージ（のちの教皇アレクサンデル七世）が入城する日。フランス代表団はスペイン代表団より前に特使を出迎えられるよう躍起になっていた。前述のとおり、まだまだフランス王とスペイン王の格付けをめぐる確執が続いていた時代である。このときは、せっかくの講和の土地で決闘騒ぎなど起こしてはまずいと、スペイン側が出迎えを控えたため事なきを得ていた。

フランスとスペインはこの三十年戦争時に敵同士であったからまだしも、同盟者として手を結んでいたにもかかわらず、いざ「序列」ともなると一歩も譲れないのがこの時代の特色である。フランスとスウェーデンの間でも同様のいざこざが生じた。スウェーデンからしてみれば、自分たちはフランク族（フランス）より格の高いゴート族の血筋であるということにもなる。ウェストファリア会議より一〇〇〇年以上も前の話を蒸し返していたのである。ただし両国ともさすがに「大人《おとな》」だった。両国は公式の会議に一緒に出ることは控え、裏で連絡を取りながら、お互いに有利な条約を結ぼうと手を組んでいった。

さらに個々の代表たちの呼び方についても一悶着《ひともんちゃく》起こった。この時代になると各国の大使クラスは「閣下（Excellency）」と呼ばれるようになっていた。しかしそれは「大国」の大使に限られることで、中小国の大使にまで「閣下」を使うのは……という観念も同時に見られたのである。ウェストファリアでも自分が「閣下」と呼ばれないことに腹を立て、ついに決闘騒ぎにまで発展した事例がまま見られたようである。

また、フランスの全権大使として派遣された王家の分家筋にもあたるロングヴィル公爵（一五九五～一六六三）は、ヌーシャテル伯国（現在のスイス西部）の領主であるということで、列国の大使より格上の「殿下（Highness）」と呼ばれることを望んでいた。しかし、スウェーデンやスペインの大使からすれば「ヌーシャテルごとき小国」のお殿様では話にならないと、これを拒否される。ロングヴィルは仕方なく「閣下」で我慢した。

会議は続くよどこまでも……

ウェストファリアの会議が五年にも及んだ原因は、上記のとおり、二国間交渉が主だったというその手続きのあり方にも見られたが、それ以外にも多くの要素があったのだ。

まずは会議の始まりである。今日の国際会議とは異なり、ウェストファリアでは開会式がなかった。なにも儀礼が簡略化されていたわけではない。むしろ儀礼という点では今日以上に厳格で仰々《ぎょうぎょう》しい儀式が続いていたのが現実である。各国の大使らが街に集まる日程がばらばらだったのだ。しかも大使たちは、身内や親しい貴族、護衛、近習《きんじゅう》、従僕、馬丁《ばてい》、料理人、仕立屋など総勢一〇〇人ほどを引き連れてミュンスターやオスナブリュックに乗り込んできた。当時の両市には、今のようにホテルなどはなかったが、かなりの人数の外交官一行を滞在させられるだけの建物には不自由しなかったようだ。

各国の大使らは一等地に建物を借り、自国の紋章や君主の肖像画を飾り、そのほか自国の財力を誇示するかのように所狭しと一流の絵画や工芸品で部屋を飾り立てた。それらの邸宅は各国の大使館さながらに、一気に模様替えされていった。

使節団の団長は高位の貴族である場合が多く、主君の栄光を一身に背負ってきらびやかに乗り込んでいく必要があった。このため、第一章でアマルナ文書の時代の使節団の話を紹介したが、そのときと状況はほとんど変わっていなかったのである。もちろん三〇〇〇年の間に道路などの整備は見られた。ところが一七世紀の外交使節団も、自国の富を誇示するかのようにウェストファリアまでの道のりをゆったりと行進した。スウェーデンの全権団など、当時はオスナブリュックとストックホルムの間なら一〇日もあれば着いていたのに、なんと六週間もかけて優雅に乗り込んできた。まさに大名行列である。

このため各国の（とりわけ大国ほど）全権大使らの到着は遅れに遅れた。フランス代表のロングヴィルなど、ミュンスターに到着したのは、会議の招集から実に二年近くを経過した一六四五年六月のことであった。彼の場合には、通常の倍にあたる二〇〇人以上のお供を引き連れ、まさに「鳴り物入り」でミュンスターに入城した。楽隊が歓迎の曲を演奏し、街が祝砲をならし、市長や市参事会員らの出迎えを受けたロングヴィルは満足げであった。

街に入った後のロングヴィルは、今度は饗宴外交で連日各国からの代表らをもてなした。料理人一二人、パン焼き職人五人も引き連れてきたフランス代表団の屋敷は、今やミュン

テル・ボルフ『ミュンスターにおけるウェストファリア条約締結の儀』

ターで一番のレストランまで兼ね備えていたのである。ロングヴィルは銘酒の産地ボルドーから三万リットルものワインまで持ってこさせていた。

会議が本格的に始まると、ミュンスタでもオスナブリュックでも、街中が饗宴芝居などで賑《にぎ》わいを見せていった。

さらに当時の「交信事情」も、会議のれには影響した。全権大使らが本国と連を取るには、書簡か使者のいずれかを送しかない。使者の場合だと、口頭での報となるので、機密を盗まれる危険性は低るが、人の記憶力には限界がある。大使意図を精確にすべて伝えているかわからいし、さらに使者の場合だと往復に金も

リシュリュー

統括する専任の「外務大臣（当時は外務卿）」も新たに設けていく。

　それはヨーロッパ各国のなかでもかなり先駆的な偉業であった。フランスが外交を専門に扱う官庁と大臣を設置したことで、その後のフランス外交は飛躍的な発展を遂げていく。それがまた第二章でも論じたが、リシュリューの衣鉢《いはつ》を継いでフランスの領土拡大に邁進《まいしん》したルイ一四世の治世に大いに役立っていくのである。

　さらにリシュリューが目をつけたのが、その外交を司《つかさど》る「国際言語」の存在であった。

中世以来のラテン語は、宗教改革以後は「カトリックの言語」としてプロテスタント諸国では忌み嫌われていた。確かにいまだ正式な外交文書にラテン語が使われることはあったが、一七世紀になるとラテン語は話し言葉として使われることはなくなり、ヨーロッパの外交官はイタリア語かフランス語を主に使うようになった。

書き言葉としてもラテン語の威力は衰退していく。先に見たウェストファリアの条約文も、交渉段階ではフランス語やスウェーデン語が使われ、大使らが署名した後で、ラテン語の公式な文書へと翻訳されている。ラテン語が最後に条約文の言語として現れるのは、一七一八年の四国同盟（イギリス・フランス・オーストリア・オランダ）のときとなる。

ここでヨーロッパ共通の「国際言語」として、ラテン語に取って代わるのがフランス語だった。フランス語はもともと助詞や副詞があいまいではないので、外交言語としてうってつけであった。リシュリューはこれまた彼が創設に関わったアカデミー・フランセーズ（九頁）に、それまで地方ごとでの方言でバラバラだったフランス語を全国的に統一化し、いわゆる「近代フランス語」の文法・表現を確立させたのである。

こうしてフランスがオランダとの戦争の講和交渉を行ったネイメーヘン（オランダ）の会議（一六七六～七八年）で、公式言語としてフランス語が用いられたのを嚆矢《こうし》に、これ以後はフランス語がヨーロッパ国際政治の共通言語の座を獲得していく。ついでながら、このネイメーヘン会議ではローマ教皇庁が両国の仲裁を申し出たが、あっさり拒否されている。中世ヨーロッパでは、王侯間の戦争では必ず教皇庁の仲裁が入っていたが、今や隔世《かくせい》の感があった。教皇庁はもはや国際政治を構成する一員でしかなかった。

それとも関係するのが、三十年戦争時にリシュリューが採ったフランスの立場である。彼自身は「枢機卿」でもあり、もちろん頑迷《がんめい》なカトリック信奉者であった。事実、国内ではユグノー（カルヴィン派）を弾圧し、彼らの反乱の息の根を止めていた。しかし、内政と外交とは別物である。当時のフランスにとっては、オーストリアとスペインの両ハプスブルクを分断し、それぞれの勢力を衰弱させて、その国境線をライン川へと拡大することこそが最大の利益であった。このように国益を最優先する「国家理性（仏語で raison d'État）」という考え方を、リシュリューは宗派の違いより重んじていたのである。

リシュリュー自身は三十年戦争の行く末を見届けられないままにこの世を去るが、こののちヨーロッパ国際政治は彼の思惑どおり、フランスを中心に動いていく。

各国はフランスに右に倣えで次々と外務省を設置した。スペイン（一七一四年）、ロシア（一九年）、プロイセン（二八年）、オーストリア（四二年）、そしてイギリス（八二年）。いずれもフランスに遅れること一世紀ほどかそれ以上である。「昨今では、何でもフランスでなければだめになっている。言語も衣装も食べ物も音楽も、おまけに病気まで。ドイツの宮廷のほとんどがフランス流の生活様式で彩られ、出世したければフランス語を話し、パリに赴任しなければならない」。当時のあるドイツ人外交官の嘆き節である。

革命とナポレオンの時代——再び「外交」の不在へ

こうして一八世紀初頭まではフランスはヨーロッパ外交世界の中心地となった。さらに先のドイツ人外交官の言葉にあるとおり、文化のあらゆる面でも中心的な位置につき、さらにその中核がルイ一四世の築いたヴェルサイユ宮殿であった。太陽王の招きに応じてここを訪れたヨーロッパの王侯らはその壮麗さに度肝《どぎも》を抜かれた。ヨーロッパ各地には、「小《ミニ》ヴェルサイユ」が次々と建設されていった。

そのフランス宮廷に落日が訪れたのは太陽王の死からわずか七〇年ほど後の、一七八九年のことだった。フランス革命によりブルボン王朝は崩壊した。倒壊されたのは王朝だけではない。それまでに築かれた「外交」もしかりであった。このときまでにヨーロッパの外交は、「同質性・貴族性・自立性」という共通点を備えた各国の外交官によって、同じ価値観に基

ヴェルサイユ宮殿（1668年頃）

づき展開されるようになっていた。とりわけ、貴族出身の外交官にとって、交渉にあたって最も大切な心得が「妥協」であった。

ところが国王の首をギロチンで落とした共和政政府になり、貴族出身の大使たちも一掃され、新たに外交官となったのは「妥協」を知らない平民たちだった。彼らはもちろん、それまでに築かれた儀礼も作法も心得ておらず、自分たちの要求をただただ押し通そうとするだけで、机をバンバンたたいたり、大声を上げて恫喝《どうかつ》する「獣《けだもの》たち」だったと、当時のオーストリア全権のひとりで、のちの外相・宰相クレメンス・フォン・メッテルニヒ（一七七三〜一八五九）は往時を振り返って回想している。

やがて革命の末路はひとりの独裁者の登場に行き着いた。かのナポレオン・ボナパルト（一七六九～一八二一）である。陸軍軍人としてだけではなく、政治家・行政家としてもその才能を発揮したナポレオン（共和国第一統領）は、フランス革命戦争が開始してから一〇年後の一八〇二年、イギリスとアミアンの和約を結んだ。ついでフランスはスペイン、ナポリ、バイエルン、ポルトガル、ロシア、オスマンとも順次協約を結び、ここに久方ぶりに平和の時代がおとずれた。しかしそれがナポレオンが展開した唯一の「外交」だった。

　国民からの絶大な支持のもと、皇帝ナポレオン一世（在位一八〇四～一五年）に即《つ》くや、彼はかつてのアレクサンドロス大王よろしく（四〇頁）「外交より戦争」を重んじ、次々と各国に侵略を開始する。彼の野望は、ローマ帝国以来の共同体をヨーロッパに築くことであり、「われわれにはヨーロッパの法典、最高裁判所、単一通貨、共通の度量衡《どりようこう》、共通の法が必要だ。そして余《よ》はすべてのヨーロッパの人々を単一の共同体にまとめあげ、パリを世界の首都にしなければならない」とナポレオンは豪語した。

　こうしてナポレオンは帝国を形成した。かのルイ一四世でさえ実現できなかった自然の国境線ライン川をフランスとドイツの境にするどころか、さらに広大な領土まで獲得した。しかしそこには「外交」はなかった。やがてイギリスを経済的に締め出すため「大陸封鎖令」

ダヴィッド『ナポレオン１世の戴冠式と皇妃ジョセフィーヌの戴冠』

をしいたナポレオンは、これに反発するプロイセンもロシアも次々と「腕力（戦争）」で粉砕した。フリートラントの戦い（一八〇七年六月）ののち、勝者ナポレオンは敗者のロシア皇帝アレクサンドル一世（在位一八〇一～二五年）に度量の大きいところを見せつけようと、彼に「わが兄弟」と呼びかけ、「金襴の野の会見」を気取ったのか、ニーメン川（ネマン川）のなかほどに巨大な浮き台を造らせ、そこに豪奢な建物を造り

あげ、ここで同盟条約に調印させたのである。

「財政＝軍事国家」の確立と「ヨーロッパ」の拡大

しかし皇帝ナポレオンの栄光は長続きしなかった。「外交より戦争」に頼った皇帝は、ロシア遠征（一八一二年）の失敗後に没落し、権力の座から滑り落ちていく。ナポレオンの帝国を打ち負かした主要因は、地主貴族《ジェントルマン》階級を主体とする議会が効率的に税金を集めるとともに、議会が保証する中央銀行（イングランド銀行）が国債を請け負うことで、大量のヒト（兵力）・モノ（武器弾薬・軍需物資）・カネ（軍資金）を素早く集める術《すべ》を開発した「財政＝軍事国家（fiscal-military state）」イギリスの存在であった。

イギリスが先陣を切り、やがてヨーロッパ中の大国が豊富な資金と強大な軍事力に支えられ、一九世紀半ば以降になると世界中に植民地を獲得していく。これより三〇〇年前にはヨ

乾隆帝に謁見するマカートニー（ジェームズ・ギルレイによる風刺画、1792 年）

ーロッパ全体に脅威を与えていたオスマン帝国も、一八世紀末にはもはやその権勢も地に落ちていた。それまでイスタンブールにはヨーロッパ各国の「常駐大使館」を「置かせてやっていた」オスマンだったが、ついにヨーロッパ各地に自国の大使館を置かなければならないくらいに立場が逆転していた。一七九三年のことであった。

その同じ年、ひとりのイギリス貴族が北京から北に二五〇キロほどの熱河《ねっか》で、清王朝の最盛期を築いた乾隆帝《けんりゅうてい》（在位一七三五～九五年）に謁見していた。イギリス国王ジョージ三世（在位一七六〇～一八二〇年）からの親書を携えた外交官マカートニー伯爵（一七三七～一八〇六）である。

彼は中華帝国との貿易の拡大と国交の樹立を皇帝に申し入れていた。しかし乾隆帝の返事はつれないものであった。中華帝国は物産が豊かで満ちあふれており、「外夷《がいい》の物品に頼る必要などさらさらない」。ただし、中国が産する生糸・茶・磁器がないと「おまえたち外夷、遠人《えんじん》は困るだろうから」貿易を恵んでやっているのだ。

マカートニー使節団はけんもほろろに追い返された。それから半世紀も経たないうちに、中華帝国はアヘン戦争（一八四〇～四二年）でイギリスから手痛いしっぺ返しを受ける。さらに第二次アヘン戦争（一八五六～六〇年）ののちに、清王朝はついに「外交」的にも屈服し、紫禁城《しきんじょう》のすぐ隣にヨーロッパ各国からの「常駐公使館」を置かざるを得なくなる。

同時期には、長らくイギリス東インド会社の支配下にあったインドで大反乱が起こり、ムガール帝国も消滅した。いまやかつてのアジアの諸帝国は、次々とヨーロッパの軍門に降《くだ》るようになっていった。さらに日本などは、当時は三流国にも満たなかったアメリカの「黒船」に脅され、欧米各国との開港を迫られた。もはや「近代化」のお手本となるのはヨーロッパの諸列強となっていた。

日本の岩倉使節団（一八七一～七三年）も、カージャール王朝のペルシャ皇帝ナーセロッディーン・シャー（在位一八四八〜九六年：訪欧は七三年）も、シャム（現在のタイ）国王のラーマ五世（在位一八六八〜一九一〇年：訪欧は九七年）も、いずれもヨーロッパ諸国を歴訪して、自国の近代化に努めていった。もちろんこのときにヨーロッパ流の「外交」も採り入れていった。

そのようななかでも、中華帝国の皇帝（天子）は自身が外遊はしなかった。さらに日本も明治天皇（在位一八六七〜一九一二年）が外国を訪問することはなかったが、西欧流の外交のあり方は確実に東アジアにも受け入れられていった。

列強の植民地とされた国々はもちろんのこと、日本のように植民地化を免れた国にも、こうして一九世紀後半までにはヨーロッパに生まれた「外交」が世界中に拡がっていく。

「いとこたちの戦争」と宮廷外交の終焉

そして一九世紀こそは、「同質性・貴族性・自立性」を共有する貴族出身の外交官たちによるヨーロッパ外交の全盛期でもあった。「長い一八世紀（一六八八〜一八一五年）」とも呼ばれた、ルイ一四世の野望に始まりナポレオン戦争の終結とともに終わる「戦争の世紀」は、外交に基づく「平和の一九世紀」へと姿を変えた。オーストリア外相のメッテルニヒが主導し「会議は踊る」と称されたウィーン会議に端を発する国際会議による外交も定着していった。もはや「席次」をめぐる大国間の対立は姿を消し、大使らは「国名のアルファベット順」で席に着いた。「常駐大使」の席次も先任順とされるようになった。

日々の「外交」の主導権は、外相や外交官らに徐々に移っていったが、王侯らが外交団に催す饗宴や、元首同士の相互の公式訪問なども、「外交」に与える影響はいまだ絶大なものがあった。かつてはヨーロッパなどという「土侯国」を訪れることなど考えられなかったオスマン皇帝が、パリで開かれた万国博覧会（一八六七年）のためにフランスを訪問する時代になっていた。その二年後の一八六九（明治二）年には、初めての「国賓」としてイギリスのヴィクトリア女王（在位一八三七～一九〇一年）の次男ア

晩年のヴィクトリア女王（1899年）

ヴィルヘルム２世

ルフレッド王子が訪日した。いまや世界中の宮廷もヨーロッパ流の儀礼を受け入れるようになっていた。

　こうしたときに大きな力を示したのが、そのヴィクトリア女王だった。彼女は四男五女の子宝に恵まれ、その子や孫たちを次々とヨーロッパ王室の有力者と結びつけていった。「ヨーロッパ王室の名付け親《ゴッドマザー》」と呼ばれた彼女が、二〇世紀の幕開け（一九〇一年一月）とともに息を引き取ると、長女ヴィクトリアの長男でドイツ皇帝ヴィルヘルム二世（在位一八八八～一九一八年）を筆頭に、三人の国王、七人の皇太子をはじめ、各国から弔問の客が押し寄せた。女王がかつて「在位五〇周年記念（Golden

Jubilee)」や「在位六〇周年記念（Diamond Jubilee)」の式典を執り行ったときも、ヨーロッパ中から貴顕が集まり、この偉大なる女性の慶事を盛大に祝したものである。

　こうしたヨーロッパの宮廷外交の掉尾《ちょうび》を飾ることになったのが、一九一三年五月二四日の祝宴だった。この日、ドイツ帝国の首都ベルリンでは、皇帝の長女ヴィクトリア・ルイーゼとハノーファー王家出身のエルンスト・アウグスト王子との盛大な結婚式が行われた。皇帝の従弟《いとこ》にあたるイギリス国王ジョージ五世（在位一九一〇～三六年）、同じく皇帝と姻戚《いんせき》関係にあったロシア皇帝ニコライ二世（在位一八九四～一九一七年）などがお祝いに駆けつけた。三人はお互いを「ウィリー」「ジョージー」「ニッキー」と呼び合ういとこ同士であった。ジョージ五世とニコライ二世は母親同士が姉妹であり、背格好も顔つきもそれぞれの兄弟以上によ

ニコライ２世（左）とジョージ５世

フランツ・ヨーゼフ１世

く似ていた。

ニッキーとジョージーは「花嫁の父」ウィリーに敬意を表するため、ドイツ帝国陸軍の軍服に身を包み、式典に出席した。三人は、一一〇〇人にも及ぶ王侯貴顕らと宮殿「白の大広間」で宴《うたげ》を楽しんだ。しかしそれは三人が顔を合わせた最後の機会となった。

すでに共和政となって久しいフランス（一八七〇年から第三共和政）を除けば、ヨーロッパの大国のなかで元首自身が出席していなかったのは、最高の格式を誇るハプスブルク家のオーストリア帝国だけであった。ナポレオン帝国の崩壊でフランスにブルボン王家が復古したものの、わずか一五年で七月革命（一八三〇年）によって再び王政は倒壊され、ヨーロッパ王室のなかで「カール大帝以来」の伝統を誇れるのはハプスブルクだけだった。

それがまたハプスブルク家の当主たちを居丈高《いたけだか》にしていたのかもしれない。ナポレオンに散々痛めつけられ、神聖ローマ帝国の幕引きまで強要された（一八〇六年）にもかかわらず、ハプスブルク家のプライドは少しばかり高すぎた。ナポレオン戦争の勝利に貢献したのは、先にも記したとおり、大陸の同盟軍に莫大な軍資金を提供し続け、海では完膚《かんぷ》なきまでにフランスを粉砕したイギリスだった。その戦勝祝賀会がロンドンで華やかに執り行われたとき（一八一四年六月）、ロシア皇帝もプロイセン国王もこれに出席したのに、オーストリア皇帝だけはメッテルニヒ外相を名代に遣わしたのであった。

誇り高きハプスブルク家にとって「イングランドごとき」など二流国にすぎなかった。それは「現実」の世界において、ハプスブルク帝国の領土も財産も優に超える世界的帝国をイギリスが築くようになっていた一九世紀後半においても変わりがなかった。皇帝フランツ・ヨーゼフ一世（在位一八四八〜一九一六年）は、自身より一一歳年上で大英帝国の当主ヴィクトリア女王のことを敬愛はしていたが、彼女をロンドンに公式に訪問することなど、皇帝にはあり得なかったのである。

また、次代のイギリス国王エドワード七世（在位一九〇一〜一〇年）がウィーンを公式に訪問してくれたのに（一九〇三年）、老皇帝がロンドンを返礼に訪れる機会はついぞめぐってこなかった。ハプスブルク家の当主がイングランドに渡ったのは、一六世紀前半にカール五世がヘンリ八世を訪ねたときだけだった。しかもそれは、カール自身の叔母（母の妹）にあたる最愛のキャサリン王妃に敬意を表しての訪問にすぎなかったのだ。

　こうしたハプスブルク家のおよそ時代錯誤ともいうべきプライドが、最終的には仇《あだ》になってしまったのかもしれない。ウィリー、ジョージー、ニッキーの三人がベルリンで宴を楽しんだ翌年の六月二八日、フランツ・ヨーゼフの甥《おい》で自らの帝位継承者に指名していたフランツ・フェルディナント大公とその妻が「サライェヴォ事件」で暗殺されてしまった。それはそのまま一ヵ月後に、オーストリアとセルビアの戦争に発展し、双方と同盟関係で結ばれていたドイツとロシアもこれに加わった。ヨーロッパは瞬く間に戦争の業火《ごうか》に包まれ、後世に「第一次世界大戦（一九一四〜一八年）」と呼ばれる悲劇へとつながった。

　四年にわたる戦争でヨーロッパは大きく変わった。いまや戦争は貴族や上流階級出身の職業軍人や義勇兵といった国民の数％だけが関わるものではなく、老若男女関係なしに、すべての国民が関わる「総力戦（total war）」の時代に突入していたのである。緒戦で戦場に駆けつけた貴族階級出身の将兵たちは機関銃や砲弾であっという間に命を落とした。大戦が終結するや、勝った側でも負けた側でも、戦争に貢献した労働者階級の若者や銃後を護《まも》った女性たちに選挙権を与えた。それまでの「貴族政治（aristocracy）」の時代は終わりを告げ、「大衆民主政治（mass democracy）」の時代へとヨーロッパは姿を変えた。

　姿を変えたのはそれだけではない。「同質性・貴族性・自立性」を共有したそれまでの「外交」のあり方は戦後に糾弾《きゅうだん》され、アメリカのウッドロウ・ウィルソン大統領（一八五六～一九二四）が提唱する、公開性に基づく「新外交」の時代に入ったのである。

　そして大戦での敗北を原因として、ヨーロッパに一時代を築いたハプスブルク帝国も、オスマン帝国も、そして一八七一年にプロイセン主導で統一されたドイツ帝国も崩壊した。また大戦中の苦戦も原因となり、ロマノフ王朝のロシア帝国も革命により倒壊させられた。それは第一次世界大戦終結の三〇年後にして、第二次世界大戦終戦から三年後に、のちのエジプト国王がいみじくも語った次の言葉が真実を表しているかのようであった。

「この世で最後まで生き残る国王は五人しかおるまい。トランプの四人の王様とイギリス国王だけである」

　しかしそのイギリス国王ジョージ五世にも戦後には試練が待ち構えていた。いまや国民からの支持なくしては君主制は維持できない。「立憲君主の鑑《かがみ》」として大戦中から国民とともに国を護ったジョージ五世は、戦後もその姿勢を貫き、国民とともに国を盛り上げた。この謹《きん》厳《げん》実《じっ》直《ちょく》なる国王の姿勢を継承したのが、息子のジョージ六世（在位一九三六～五二年）であり、さらにその長女のエリザベス二世だったのである。

第四章　エリザベス二世の王室外交

明仁天皇・美智子皇后を接遇するエリザベス女王（1998 年 5 月）

地球を四二周した女王

「われわれが一致団結して断固として立ち向かえば、必ず克服できるはずです。私はそのときがきたら、いかにしてみなさんがこの挑戦に立ち向かうことができたのかを誇りに思うことができると希望しています。そして後世の人々が、この時代のイギリス人たちがいかに強かったのかをいずれ語り草にすることでしょう」

これは二〇二〇年四月五日の夕刻、新型コロナウイルスによる犠牲者が世界中で拡大しつつあるなかで、イギリスのエリザベス二世女王（在位一九五二年〜）がＢＢＣ（英国放送協会）のテレビを通じて、国民に語りかけたメッセージの一部である。

王位継承者第一位のチャールズ皇太子も、ボリス・ジョンソン首相（在任二〇一九年〜）も、次々と新型コロナウイルスに感染するなか、四月二一日で満九四歳を迎えた女王はまさに「国民統合の象徴」として、コロナ禍に不安を抱く国民全体にとっての支えとなっていた。このテレビ放送をオンタイムで観た国民は二四〇〇万人を超え、ユーチューブを通じて観たものまで含めれば、その数はほとんど全国民といっても過言ではない。

二〇二一年二月に在位六九年を超えたエリザベス女王は、イギリス史上最長の在位記録を誇るだけではなく、君主としての最長寿記録まで更新中である。女王が初めてラジオを通じ

コロナ禍のなか、国民に語りかけるエリザベス女王（2020年4月）

て国民に語りかけたのは、第二次世界大戦中の一九四〇年一〇月のこと。彼女はまだ一四歳の「王女」であった。爾来《じらい》、女王に即位してからも毎年のクリスマス・メッセージやコモンウェルス（旧英連邦）の日（三月第二月曜日）のメッセージなどで、常に国民に向かい合ってきたのである。

そのエリザベス女王はまた、現代の「宮廷外交（王室外交）」を象徴する存在でもある。二一世紀の現代においては、イギリスに限らず、君主制を採る国々の多くでは、日々の政治や外交は政府や職業外交官らに「実権」が移り、国家元首とはいえ王侯らの出番はかつてと比べて少なくなっているかに思われる。しかし現実には、王侯らと政府の間には、外交的な役割においても「棲み分け」が見られるのである。

すなわち国境の画定や条約の締結など、国と国との間の「ハードの外交」を担うのが政府首脳や職業外交官たちの職務だとすれば、王侯が担うのは「ソフトの外交」ということになる。現在でも王侯自身が絶大な力を持つ中東諸国やブルネイなどを除き、ヨーロッパの王侯らは自分で勝手に他国と条約などは結べないかもしれないが、政府間の関係が気まずくなったときには、それを和らげてくれる「緩衝材《かんしょうざい》」のような役割を果たしてくれる。

確かにハードは現実の政治外交を決定できる。しかしハードとハードはとかくぶつかりやすい。そのようなときに政府同士の衝突を「超越」した存在がいてくれて、それがソフトの外交を展開し、相手国の首脳と会うだけでも、二国間の関係はまったく異なってこよう。外交は「会う」ことによって始まる。会わなければ外交そのものが始まらない。政府首脳同士が会えないときにも、王侯らが相手国首脳と会うだけで二国間の外交は維持できる。

エリザベス女王自身、その六九年にわたる在位期間に実に六六回もの公式な外国訪問を行い、のべで八九ヵ国（二度以上の訪問を除くと六六ヵ国）を「国賓《こくひん》」として訪れている。さらに彼女が「首長」を務めるコモンウェルス諸国（二〇二一年現在では五四ヵ国が加盟）への訪問ともなると、六四回の旅でのべで一七三ヵ国も廻っているのである。総計すると一三〇回の外遊でのべ二六二ヵ国を歴訪したことになる。

バッキンガム宮殿

ただしこれはあくまでも「公式」の訪問である。これ以外にも非公式な海外公務がある。たとえば、第一次世界大戦や第二次世界大戦での重要な戦闘の周年行事（五〇周年から一〇〇周年まで）のためにヨーロッパ各地を訪れたり、一九八三年には「非公式」にアメリカ西海岸を訪れ、ときのロナルド・レーガン大統領（在任一九八一〜八九年）から歓待を受けている。こうした海外訪問まで含めると、女王は実にのべで三五〇ヵ国以上を訪れた。

彼女が移動した総距離は一七〇万キロ近くにも及ぶ。エリザベス女王は地球を四二周もした計算になるのだ（赤道の周長は約四万キロ）。

バッキンガム宮殿での「おもてなし」

それと同時に、女王は海外からのお客さまもこれまでに数多くイギリスに迎えてきた。いわゆる国家元首による「国賓」としての公式訪問に限ってみても、一九五四年に訪れたスウェーデンのグスタヴ六世アードルフ国王（在位一九五〇～七三年）夫妻から、二〇一九年のドナルド・トランプ米大統領（在任二〇一七～二一年）夫妻に至るまで、一一二組もの世界の貴顕たちを接遇してきた。

国賓はだいたい年に二組か三組が訪れる。どこの国から招くのかは、「ハードの外交」を担う政府と「ソフトの外交」を担う女王との相談で決められる。エリザベス女王が九〇歳を迎えた二〇一六年からは、女王の高齢も配慮して、国賓は年に一組に限定されている。

国賓がロンドンに宿泊する際には、宿舎はバッキンガム宮殿となる。これ以外にもウィンザー城が宿舎となることもあるが、これまでの国賓の大半はロンドンを舞台に王室外交の接待を受けてきた。国賓の滞在期間は「三泊四日」がほとんどである。

国賓がロンドンの空港に到着すると、高位の王族が出迎え、列車でヴィクトリア駅へと向かう。そこで女王をはじめすべての王族が、政府首脳とともにプラットホームで国賓を歓迎

トランプ大統領をもてなすエリザベス女王（2019年6月）

する。そののち、女王と相手国国家元首、エディンバラ公爵（女王の夫君）と相手国の国家元首の配偶者とがともに馬車に乗り、バッキンガム宮殿へと向かうのである。

ヨーロッパでテロが横行するようになった近年では、国賓がアメリカ大統領などの場合には馬車でのパレードは危険である。二〇一九年六月にロンドンを訪れたトランプ大統領の場合には、空港からヘリコプターに乗りそのままバッキンガム宮殿の裏庭に降り立った。女王はこのとき思わずこう呟《つぶや》いたとされる。「あ〜あ、芝生がめちゃくちゃだわ……」。

宮殿に到着すると、国賓は儀《ぎ》仗《じょう》礼《れい》を受けてから、女王や王族らと軽い昼食を摂る。

そのあとは別室で、国賓にゆかりのある品々を専門家（王室収蔵品部局《ロイヤル・コレクション》の学芸員など）の解説付きで鑑賞する。トランプ大統領訪英の際には、それよりちょうど八〇年前の一九三九年に女王の両親であるジョージ六世夫妻がアメリカを公式に訪問し、ときのフランクリン・ローズヴェルト大統領（在任一九三三～四五年）から大歓待を受けた際のアルバムや記念品も展示された。独立後の合衆国を訪れた英国王はジョージ六世が初めてであった。

さらにノルマンディ上陸作戦（一九四四年六月六日）成功直後に、最高司令官のアイゼンハワー将軍（のちの大統領）がジョージ六世に送った手紙も展示品のなかに見られた。トランプ大統領（一九四六年生まれ）は、自分が生まれる以前から王室が歴代のアメリカ大統領たちと深い親交を保ってきたことに感動したといわれている。

またこのようなゆかりの品の鑑賞のあとで、これまた別室で「贈り物の交換」が行われる。第一章で見た「アマルナ文書」の時代以来、この点でも変わりはないようだ。さらに相手国との勲章の交換もこのとき行われる。アメリカ大統領は現役時代には勲章を受け取らないというのが「慣例」であるため、勲章の交換は行われないが、その他の国々の元首の場合には女王との間でお互いの国の最高級の勲章が交換される。

このののち国賓たちはしばしの休憩を取り、午後三時ぐらいにウェストミンスター修道院へと向かい、ここで「無名戦士の墓」に花輪を捧げる。

かつて女王の母エリザベス皇太后（クイーンマザーと親しまれた：一九〇〇～二〇〇二）が健在であった頃は、このあと国賓らは彼女の住まいであったクラレンス・ハウス（宮殿のすぐ近く）に立ち寄り、ここで「アフタヌーンティー」を饗《きょう》されていた。彼女が亡くなると、クラレンス・ハウスにはチャールズ皇太子の宮廷が置かれ、近年ではここで国賓らにアフタヌーンティーがふるまわれる場合が多い。二〇一五年秋に中国の習近平《しゅうきんぺい》国家主席（在任二〇一三年～）が訪英した際には、ここで皇太子とお茶をともにした。

そして国賓は宮殿へと戻り、しばしの休憩ののち、その日の夕刻午後八時頃から宮中晩餐会へと臨む。晩餐会には、イギリス王族や政府高官、相手国の一行や両国の友好関係にゆかりのある人々など一五〇人ほどが招かれる。このとき、先に交換した勲章をお互いに佩用《はいよう》して女王と国賓とは晩餐の席に着く。ここでデザートのあとに両国首脳がスピーチを行う。日本でいう天皇の「おことば」にあたるものである。そのあともお茶や食後酒などで宴《うたげ》は続いていく。

二日目は、国賓にゆかりのある各種団体や施設などを訪れるのが通例である。そのときは高位の王族が一日お供をする。そして夜は、国賓はロンドン市長がギルドホール（市庁舎）

ウィンザー城

で催す晩餐会に出席する。三日目も、二日目と同じような見学等が盛り込まれ、夕刻は今度は国賓の側が「答礼晩餐会」を催すことになる。通常は、国賓の国の「常駐大使館」か大使公邸であるが、そこが手狭である場合には、ロンドンの高級ホテルの宴会場を貸し切っての晩餐会となる。そして翌朝には国賓は女王らの見送りで宮殿をあとにする。

国賓がウィンザー城に滞在する場合には、これとは若干異なる部分もあるが、基本的にはこのようなかたちで「おもてなし」が行われるのである。そして日本も含めて、世界中の大半の国々がこれとほぼ同じようなスタイルで「国賓」の接遇にあたっている。

女王の外交――「三つのサークル」のなかで

こうした国賓による接遇の合間には、もちろん「ハードの外交」を担うイギリスの首相や外相、経産相らと、国賓に随行してきた相手国の閣僚らとの間で、様々な話し合いがもたれている。エリザベス女王による「王室外交」は、このような政府間の協議にとっても大切な「潤《じゅん》滑《かつ》油《ゆ》」となってくれているわけである。

エリザベス二世が父の急逝にともない君主に収まった一九五二年には、イギリスはもはや「大英帝国」と呼ぶにはほど遠い存在になりつつあった。インド帝国は解体し（一九四七年）、アジアやアフリカに拡がる植民地も次々と独立を果たしていった。また二〇世紀の二度にわたる世界大戦により、イギリス経済もどん底の状態となっていた。

こうしたなかで第二次世界大戦を率いた英雄ウィンストン・チャーチルは、戦後のイギリスが国際政治のなかで一定の役割を演じていくうえでは、「三つのサークル」のなかにあるイギリスの世界的にも特異な立場をいかすしかないと断言した。それは二度の大戦で同盟を結び、文化的にもアングロ・サクソン系が主流派を占め、同じ英語で結ばれているアメリカとの「特別な関係（special relationship）」。さらに自治権を得たり独立した後も、イギリスをはじめとする各国との関係を保っているコモンウェルス。そしてイギリスがもともと地

エリザベス女王とチャーチル（1950 年）

理的に最も古くから関わりのあるヨーロッパ、という三つの環である。
　事実、こののちイギリスはこの三つの間でバランスを取りながら、戦後の国際政治のなかで一定の発言力を保ってきた。とはいえ、ときとしてそれは「諸刃《もろは》の剣《つるぎ》」にもなった。この三つの間でバランスが取れなくなったときに、イギリスは外交的な窮《きゅう》地《ち》に立つこともままあったのである。特に一九六〇年代半ば頃から、イギリスはアメリカとヨーロッパの間で板挟みに遭い、右往左往させられることもよく見られてきた。
　そのようななかで、エリザベス二世も歴代の政府を助けながら、この「三つのサークル」のなかで独自の「王室外交」を演じてきたのである。
　彼女は、すでに王女時代の一九五一年からアメリカを訪れており、女王になってからも四回にわたりアメ

エリザベス女王とオバマ（バッキンガム宮殿、2011年5月）

リカを公式訪問した。彼女が相対《あいたい》してきたアメリカ大統領は、ハリー・トルーマン（在任一九四五〜五三年）からトランプまで実に一三人に及んでいる。これが「継続性と安定性（continuity and stability）」を国民にもたらす王室の極意の一端なのだ。

もともと女王に敬意を払っていたバラク・オバマ大統領（在任二〇〇九〜一七年）は、彼が政治家（さらに大統領）になるきっかけを作った敬愛するジョン・F・ケネディ（在任一九六一〜六三年）を、自身が生まれた年（一九六一年）にバッキンガム宮殿で接遇したばかりか、バラク少年が教科書の世界でしか知らないトルーマンやアイゼンハワーとも親しく接していたエリザベス二世を常に畏敬《いけい》の目で見つめていたとされる。

そしてコモンウェルスはまさに女王の人生そのものといっても過言ではない。一九五三年の戴冠式の直後に「首長」に収まって以来、毎年（七一年からは二年に一度）開かれるコモンウェルス諸国首脳会議（ＣＨＯＧＭ：Commonwealth Heads of Government Meeting）にもほぼ毎回出席し、各国の首脳らとまさに「兄弟」のような関係を築いてきた女王は、ある首脳がいみじくも表現したとおり「コモンウェルスの接合剤《セメント》」となってきた。

彼女が裏から主導したおかげで、コモンウェルスにとって長年の懸案事項とされてきた南ローデシア（現在のジンバブエ）や南アフリカ共和国での「人種隔離政策《アパルトヘイト》」も廃止され、いまもコモンウェルスは地球環境問題や人権問題などで団結を強めている。

さらに戦後のイギリスがヨーロッパ経済共同体（ＥＥＣ：のちにＥＣ〈ヨーロッパ共同体〉に拡大）に加盟を試みた際にも、女王はこれを後押しした。ＥＣ加盟の実現が決まった一九七二年には、オランダ、ルクセンブルク、西ドイツという三ヵ国から次々と国賓を迎え、さらにその合間には自らフランスを国賓として訪れた女王の姿が、それを象徴していた。

しかも今度は皮肉なことに、二〇一六年六月の国民投票でＥＣの後裔であるヨーロッパ連合（ＥＵ）からの離脱を決めたイギリス政府は、これを円滑に進めていくために、またもや女王に頼ってきた。二〇一七年春から、チャールズ皇太子夫妻、ウィリアム王子夫妻など、イギリス王室総動員でEU加盟国を廻り、「ブレグジット」に関する各国との話し合いを進めさせたのである。

御用繁多《ごようはんた》のフランス大統領やドイツ首相が相手では、イギリスの外交官や各省の高官ではおいそれとは会ってくれない。それが女王陛下の子や孫たちがわざわざ訪ねてくれたとあっては、むげに追い返すわけにもいかない。

二〇一七年七月には、女王の孫であるウィリアム王子とキャサリン妃は、なんと自分たちの子どもであるジョージ王子とシャーロット

ドイツを訪問するウィリアム王子一家（2017年7月）

王女まで引き連れて、ドイツを訪問したのだ。強面《こわもて》の「辣腕《らつわん》宰相」でもあるアンゲラ・メルケル首相（在任二〇〇五年〜）もさすがに四歳のジョージと二歳のシャーロットに会ったときには目尻を下げざるを得なかった。

もちろん、このときも「ブレグジット」に関わる「ハードの外交」の話し合いについては、ウィリアム一家に随行した外交官や各省の高官らがドイツの高官と行っている。女王も王族も決して「ハードの政治外交」には口を出さないが、ハード同士の話し合いが円滑に進められるためのまさに「潤滑油」となってくれているわけである。

ウィンザー家の格式——現代のハプスブルク家？

このような世界の「王室外交」の頂点にあるのが、いまやイギリス王室である。第三章でも論じたとおり、一五世紀から二〇世紀半ばまでの五〇〇年にわたるヨーロッパの宮廷世界においては、ハプスブルク家こそが格式と伝統において最高峰に位置していた。そのため、歴代の皇帝たちは「イングランドごとき田舎国」を訪れることなどついぞなかった。

それが二〇世紀の前半に起こった二度の世界大戦によりすべて変わってしまった。敗戦によりハプスブルク家は皇帝の座から追い出された。さらに第一次世界大戦中の革命で、ロマノフ家のロシア帝国も倒壊させられた。

そして第二次世界大戦がさらにこの状況に新たな局面をもたらした。一九四〇年春に、ナチス・ドイツ軍は北欧と西欧に躍《おど》りかかった。デンマークはわずか一時間で降伏したが、ノルウェーは地形や距離の利点などもあって徹底抗戦した後、国王はイギリスに亡命した。同じくオランダ女王もルクセンブルク大公もロンドンに亡命し、ＢＢＣのラジオを通じて祖国の抵抗運動を励ましていった。

アメリカとイギリスを主力とする連合軍によって、一九四四年の後半ぐらいからヨーロッパ各国は順次ドイツ軍から解放されていった。こうして各国の王侯らは故国へと凱旋《がいせん》し、国民とともに戦後の復興に努めていった。この間にロンドンに亡命した王侯らはジョージ六世とエリザベス王妃の夫妻からひとかたならぬ恩を受けたのである。

第二次世界大戦はまた、イタリア、ルーマニア、ユーゴスラビア、ブルガリアといった国々から戦後に王政を一掃させてしまった。

こうして第二次世界大戦後のヨーロッパでは、ウィンザー王朝のイギリス王室が名実ともに最高の格付けを有するようになっていたのである。それは戦後のエリザベス二世女王の「態度」にもすぐに表れるようになる。

二一世紀の今日《こんにち》においても、ヨーロッパはもとより世界中の王室（皇室）が「冠婚葬祭《かんこんそうさい》」によってしっかりと結びつけられている。すなわち、各国王室の慶事（戴冠式や即位式、結婚式や洗礼式など）や弔事（葬儀）には必ず出席し合って、お互いの関係を深めるだけではなく、国同士の「外交」にもひと役買っているのだ。

かつてはイギリス王室でも君主自身が大陸での「冠婚葬祭」に関わることがあったが、エリザベス二世はその六九年にわたる在位のなかで、ヨーロッパ大陸での行事に自ら出席したのはわずか二回だけしかなかった。一九六二年にオランダのユリアナ女王（在位一九四八～八〇年）と夫君ベルンハルト殿下が銀婚式を盛大に祝ったとき。そしてもう一度は一九九三年八月に執り行われたベルギー国王ボードゥアン一世（在位一九五一～九三年）の国葬のときである。

もちろんこれ以外にも、各国の王子や王女の結婚はもとより、王侯らの葬儀や、王侯の節目（六〇歳・七〇歳など）となる誕生日、さらに節目となる在位記念（二五周年など）の式典など、ヨーロッパでは毎年のごとくに「冠婚葬祭」が執り行われてきた。

しかもイギリスでこのような行事が行われるときには、ヨーロッパ各国からほとんどすべての王侯らが駆けつけてくれているのである。チャールズ皇太子の結婚式（一九八一年）やウィリアム王子の結婚式（二〇一一年）、エリザベス皇太后の葬儀（二〇〇二年）。そしてエリザベス女王自身の「金婚式（一九九七年）」や「在位五〇周年記念《ゴールデン・ジュビリー》（二〇〇二年）」、「在位六〇周年記念《ダイヤモンド・ジュビリー》（二〇一二年）」など。

　特にダイヤモンド・ジュビリーでは、ヨーロッパのみならず世界中から王侯や王族らが一堂に会し、ウィンザー城を舞台に華麗なる午餐会が催された。当時の明仁天皇（現上皇陛下）もその数ヵ月前に心臓の手術を受けられたばかりにもかかわらず、長年の友人でもある女王の慶賀を祝したいと、美智子皇后（現上皇后陛下）とともに駆けつけられた。

　それにもかかわらず、エリザベス女王自身は各国の国王や女王、大公などが記念の行事を催したとしても、自身は出席せず、名代を遣わすだけなのである。いまやかつてのハプスブルク家に代わり、ウィンザー家がヨーロッパ王室の筆頭の格付けにあり、君主自身が他の王室の行事に直接駆けつける必要はないとの感覚が強くなっているのかもしれない。

　さらにこのイギリス王室のプライドが、時として王室同士の確執にもつながってしまう事態に発展している。

　先に紹介した、一九九三年に行われたベルギーのボードゥアン国王の葬儀の折である。イギリス王室は、女王陛下が直々に参列されるという異例の厚遇を示したのであるから、王宮

ボードゥアン国王の葬儀。最前列を歩く天皇・皇后両陛下（当時）

から葬儀の営まれる大聖堂まで棺《ひつぎ》とともに行進する際、棺のすぐ後ろの真ん中という最上の位置をエリザベス女王夫妻に用意するようベルギー王室に打診した。ところがベルギー王室は、棺のすぐ後ろには生前国王と最も親しかった王侯に歩いていただきたいので、イギリス王室には二列目に入って欲しいと返答してきたのである。

結局、葬儀当日に棺のすぐ後ろは、明仁天皇夫妻を真ん中に、スウェーデン国王夫妻とスペイン国王夫妻が一列目に、次いで二列目にはデンマーク国王夫妻、ノルウェー国王夫妻、オランダ女王が……という具合に行進が続いた。エリザベス女王の姿はどこにも見えなかった。しかしイギリス女王夫妻はブリュ

ファビオラ元王妃の国葬（ブリュッセル）。イギリス王族の姿はない

ッセルには来ていたのである。

棺が大聖堂へと到着し、遺族や各国王侯らが席に向かうと、すでに大聖堂の最上位席にエリザベス女王とエディンバラ公とが着席していた。その後、葬儀はつつがなく終了したが、エリザベス女王は終生このときの「屈辱」を忘れなかった。

こののち、ボードゥアンの跡を継いだ弟のアルベール二世（在位一九九三〜二〇一三年）夫妻が「国賓」としてイギリスに招かれることはなかったのである。彼と同時期に国王に即《つ》いたノルウェーのハーラル五世（在位一九九一年〜）が翌九四年にイギリスに招かれ、二〇〇一年には今度は答礼訪問でエリザベス女王夫妻がノルウェーを訪れ、イギリス最高位のガーター勲章まで授与されたのに。アルベールは二〇年近くも在位していながら、ガーター勲章を授与されなかった現代ヨーロッパでも唯一の君主となってしまった。

さらに二〇一四年一二月にボードゥアンの未亡人ファビオラ王妃が亡くなったときも、ヨーロッパの王侯のすべてが葬儀に参列していたのに、イギリスは常駐大使を遣わすだけという「異例の冷遇」を示したのである。

儀礼に厳格な女王――ブルーリボン外交

このようにエリザベス女王は、ヨーロッパのなかでも最上位にある王室の当主であるという自負を強く抱く君主であると同時に、儀礼についても実に厳格な態度を示してきた。なかでも彼女が特にこだわりを見せてきたのが、先ほども触れた、イギリス最高位の「ガーター勲章」を贈る相手についてであった。

ヨーロッパの勲章（英語でOrder）の多くは、中世に各国の王侯たちが創設した「騎士団（同じく英語でOrder）」に由来し、いわばその騎士団章が栄典としての勲章に転じていった。騎士団は神の前で君主に忠誠を誓い、聖堂も定められ、記念日には礼拝も行われる。ガーター勲章の場合も、一三四八年にときのイングランド国王エドワード三世（在位一三二七～七七年）が創設したガーター騎士団（Order of the Garter）に起源があり、他の騎士団と同様にキリスト教徒のみに与えられる栄誉であった。

ところがヴィクトリア女王（在位一八三七～一九〇一年）の時代に世界帝国へと拡張を遂げたイギリスは、ロシアとの角逐《かくちく》から、イスラーム教徒であるオスマン皇帝にガーター勲章を授与してしまった（一八五六年）。こののちオスマン皇帝一人と、カージャール王朝のペルシャ皇帝二人に「ブルーリボン（鮮やかな青い大綬《サッシュ》からつけられた勲章の別名）」が与えられたが、次代のエドワード七世（在位一九〇一～一〇年）が綱《こう》紀《き》粛《しゅく》正《せい》を図り、よほどの功績がない限りは、今

ガーター・ローブを着るエリザベス女王（2019年）

後は異教徒にはガーター勲章は贈られないことになった。

こうしたなかで唯一、異教徒としてガーター勲爵士《ナイト》に叙せられたのが、明治天皇（在位一八六七～一九一二年）以降の四代の日本の天皇だったのである（二〇九頁）。

エリザベス二世もまた、曽祖父エドワード七世譲りで、儀礼に厳格な君主である。それがまた二〇世紀に入り複雑化した国際政治のなかでも、頑《かたく》なに貫く彼女の「ブルーリボン外交」に反映されたのであった。

一九五九年にパフラヴィー王朝のイラン帝国皇帝ムハンマド・レザー・パフラヴィー（在位一九四一～七九年）がイギリスを公式に訪問することになった。訪英にあたりテヘラン常駐のイギリス大使が皇帝《シャー》の側近と打ち合わせに入ったが、そのとき大問題が生じた。皇帝はガーター勲章を真剣に欲しがっているというのだ。彼はそれより一一年前の一九四八年に初めて訪英し、そのときはジョージ六世から「ロイヤル・ヴィクトリア勲章頸飾《けいしょく》（Royal Victorian Chain)」を授与されていた。

この勲章は、異教徒にはガーター勲章を滅多に贈らなくなったエドワード七世が、ブルーリボンに替わる新たな栄誉として一九〇二年に創設したものだった。これ以後、シャム（タイ）国王やアジア・アフリカでも特に格付けの高い国の君主に贈られるようになった。

パフラヴィー皇帝とエリザベス女王（1961年）

一九四八年のイラン皇帝もこうした背景から順当に与えられた栄誉であった。しかし、誇り高い皇帝は次代のエリザベス二世にはガーター勲章を要求してきた。ところが、女王からの返事は「先例がない」とのことでこれを拒絶するものであった。確かにパフラヴィー王朝になってからのイラン皇帝にはブルーリボンは贈られていない。ならばこちら側も贈らないと、イラン最高位のパフラヴィー勲章の勲一等が女王に贈られることはなかった。

次にタイ国王である。一九七二年に女王はエディンバラ公とともにタイを公式訪問した。出迎えてくれたのは女王より

タイ訪問時のエリザベス女王とラーマ9世（1996年）

六年早く国王に即いていたラーマ九世（在位一九四六〜二〇一六年）である。この女王訪問に先立って、やはりバンコク常駐のイギリス大使と国王の側近の間で話し合いがもたれていた。国王はガーター勲章を心から欲しているようだった。しかし女王からの返事はまたもや「前例がない」という断りのものだった。タイの場合には、「大王」とも呼ばれた近代化の父、ラーマ五世（在位一八六八〜一九一〇年）でさえブルーリボンは授けられていなかった。実は彼が一八九七年と一九〇七年の二度にわたりイギリスを訪れた際にも、ときの君主たちと政府の間で同じ問題が話し合われていた。

ラーマ九世は一九六〇年にイギリスを公

式訪問した際に、イラン皇帝と同じく、ロイヤル・ヴィクトリア勲章頸飾を授与されていた。これと交換のかたちで、エリザベス二世には当時のタイの最高勲章であるチャクリ王家勲章の勲一等が贈られた。それから一二年後に実現した女王の答礼訪問の「おみやげ」にブルーリボンを期待したタイ国王であったが、それは実現しなかった。それならばと……このときまでにタイの最高勲章として国王自身が創設していたラーチャミトラーポーン勲章（タイ語で「王の友好の証《あかし》」の意味）は女王には贈られなかった。エリザベス女王は、バンコクを訪れた世界各国の元首のなかで唯一、ラーチャミトラーポーン勲章をいまだに贈られていない人物である。

そしてサウジアラビアの国王となる。オスマン帝国が崩壊した後に新たに登場した中東の君主国は、その歴史が浅いこともあって、イギリス君主からの栄誉もあまり高いものは期待できなかった。近年でこそ、カタール首長（二〇一〇年）、クウェート首長（一一年）、アラブ首長国連邦大統領（アブダビ首長：一三年）には、バース勲章勲一等（ＧＣＢ）という高級勲章が与えられるようになっているが、彼らの父親（先代）たちは、それよりひとランク下の聖《セント》マイケル・アンド・聖《セント》ジョージ勲章勲一等（ＧＣＭＧ）が授与されるのが通例であった。

これらイギリスの保護領になった経験がある国々の首長とは異なり、サウジ国王は格付けが上とされ、一九六七年に初めてイギリスを訪れたファイサル国王（在位一九六四〜七五年）のときから、ロイヤル・ヴィクトリア勲章頸飾が与えられていた。

ファイサルの弟でそれより四〇年後の二〇〇七年に訪英したアブドゥッラー国王（在位二〇〇五〜一五年）の場合には、それでは満足できなかったようだ。第二章で紹介した、セリム一世以降のオスマン皇帝よろしく「二聖地の守護者」となっているサウジ国王は、イスラーム世界のみならず、アメリカやロシア、中国にも影響力を拡げていった。

特にアブドゥッラーは誇り高い国王で、先々代の兄ハリド国王時代に創設されたサウジ最高位のアブドゥルアズィーズ勲章頸飾を各国の元首にばらまいていた。先述のとおり、アメリカ大統領は「慣例として」現職中は勲章は受け取らない。ところが、ブッシュ（子）、オバマ、トランプと三代にわたって、彼らはアブドゥルアズィーズ勲章頸飾を、ときの国王から直々に首にかけてもらっているのだ。昨今の中東情勢から、アメリカ大統領といえどもサウジ国王を敵には回したくないのであろう。

そのアブドゥッラー国王が二〇〇七年にバッキンガム宮殿を訪れたときにも、昼食後に贈り物が交換され、このときエリザベス女王からはロイヤル・ヴィクトリア勲章頸飾が贈られた。ところがその日の晩餐会の席に、国王は勲章を着けて現れることはなかったのである。相手から授与された勲章を着けて晩餐会に臨むということは、ふたりの間、さらに両国の間が「同盟者」として結ばれていることの何よりの証である。それを佩用せずに現れるというのは、外交儀礼のうえでこれ以上の「非礼」はないといってもいい。アブドゥッラー国王としては、いまのサウジの地位からすれば頚飾《チェーン》では満足できなかったのだろう。

アブドゥッラー国王の隣で微笑むエリザベス女王（2007年）

しかしおそらくこのたびも、女王からの返事は「先例がない」というブルーリボン授与を断るものだったに違いない。これに対する無言の抗議が、頚飾を着けずに現れた国王の姿に表れていた。とはいえ、いまや君主歴も半世紀を超えていたエリザベス女王のことである。そのようなことはいっさい与《あずか》り知らないような満面の笑みを浮かべながら、女王はかつてハリド国王から授与されたアブドゥルアズィーズ勲章頸飾を首にかけ、にこりともしないアブドゥッラーの傍《かたわ》らにたたずむのであった。

剝奪された勲章——二度の大戦のなかで

第一次世界大戦という、史上初めての本格的な「総力戦」の時代を迎え、ヨーロッパの宮廷儀礼にも大きな変化がおとずれていた。

大戦が開始した翌年、一九一五年五月にイギリスに史上最初の「挙国一致内閣」が成立し、戦争の長期化・泥沼化も予想されるようになった。もはや敵国ドイツの文化も言語も「ご法《はっ》度《と》」となるぐらいに、イギリス中で反ドイツ的な感情が高まっていった。こうした世情も反映して、ときの国王ジョージ五世（在位一九一〇～三六年）は、従兄《いとこ》のウィリーことドイツ皇帝ヴィルヘルム二世やオーストリア皇帝フランツ・ヨーゼフ一世など、敵国の王侯らに与えられていたガーター勲章を「剝奪《はくだつ》」することを決意したのである。

騎士団の聖堂であるウィンザー城内の聖ジョージ礼拝堂に掲げられていた、ドイツ王侯八

ブルーリボンを着け晩餐会に臨む昭和天皇とエリザベス女王（1971年10月）

人の紋章旗《バナー》が引きずり下ろされることになった。

同じ境遇に遭ったのが、第二次世界大戦時のイタリア国王と昭和天皇であった。一九二九（昭和四）年にジョージ五世から授与された「ヒロヒト」のブルーリボンは、日英開戦（一九四一年）とともに剥奪された。それからちょうど三〇年後の一九七一（昭和四六）年、半世紀ぶりにイギリスを公式訪問することになった昭和天皇の名誉は復活させられた。聖ジョージ礼拝堂には、朱地に黄色の菊の紋所が彩られた昭和天皇の紋章旗が飾られた。バッキンガム宮殿での晩餐会では、天皇はブルーリボンを佩用して現れたのである。

ガーター勲章六七〇年の歴史のなかで、一度剥奪された栄誉が復活を遂げたのは、この昭和天皇の事例だけである。

君主以外でも、このような「名誉剥奪」の憂《う》き目に遭ったものはいた。ルーマニア大統領のニコラエ・チャウシェスク（在任一九七四～八九年）と、ジンバブエ大統領ロバート・ムガベ（在任一九八七～二〇一七年）である。二人はともに、新生国家の建設者として登場し、いつしか独裁者に変わり果て、国内で数多くの弾圧や虐殺も行い、最後は国民から追い出された（さらにチャウシェスクは処刑されてしまった）。両者は国賓として訪英したときにバース勲章勲一等を授与されていたが、いずれものちに剥奪されている。

七〇年に近い在位の間に、女王は様々な指導者たちと向き合ってきた。そうした首脳を接遇し、あるいは接遇を受けるなかで、数々の「不愉快な目」にも遭ってきたようである。

二〇一五年秋に訪英した中国の習近平国家主席は、終始満足げに最大級の歓待を受け、エリザベス女王とも良好な関係を構築していたかに見えていた。ところがその翌年5月に、女王が催したバッキンガム宮殿での園遊会で思わぬハプニングが生じた。前年の国賓訪英時に

習近平とエリザベス女王（2015年10月）

警備隊長を務めた女性が招かれており、女王は思わず「あのときの中国の態度は本当に無礼だった」と漏らしたのである。習主席訪英にあたり、中国側はレッドカーペットの位置から何からすべてに介入し、イギリス側を辟易《へきえき》させていたようだ。

こうした中国側の態度に対するしっぺ返しであろうか。習主席を歓迎した宮中晩餐会で饗されたワインはボルドーの銘品シャトー・マルゴーの一九八九年物であった。ボルドーの赤は確かに一九八九年が「当たり年」であったが、その前後の八八年、九〇年のものも同じくらいに良い収穫であった。バッキンガム宮殿のワイン倉庫には、この三年間の逸品はすべて揃えられているはずだが、あえて八九年物を出したというあたり、同年に北京で生じた「天安門事件」を連想させるような「なにか」が秘められていたのかもしれない。

生涯で最大の怒り？――ハッサン国王から受けた「仕打ち」

しかし女王自身にとって最も「無礼」と感じられた体験は、一九八〇年一〇月に訪れたモロッコでの出来事であったろう。

この年の秋の外遊は、女王お気に入りの王室《ロイヤル》ヨット「ブリタニア号」で地中海からまずイタリアに入り、バチカンを訪問し、北アフリカに向かって、チュニジア、アルジェリアを経て、最後の寄港地がモロッコ王国となった。

出迎えてくれたのは、女王より三つ年下の国王ハッサン二世（在位一九六一～九九年）。これより五年前には、フランコ総統の逝去で混乱するスペインの隙《すき》を突いて、西サハラの領有権を主張し、自ら同地に乗り込んだ「緑の行進」で、ヨーロッパ諸国に存在感を示した強《つわ》者《もの》の政治家でもあった。とはいえ国内では軍部との衝突が絶えず、一九七〇年代前半には二度の暗殺未遂事件（及びクーデタ）に遭遇していた。

そのようなハッサンの許《もと》に「暗殺予告」が届いたのが、この一九八〇年一〇月のエリザベス二世訪問時だったのである。予告については、「国賓」である女王陛下にはいっさい知らせず、イギリス一行の当初の宿泊地に予定されていた場所もすべて変更し、そのいっさいを国王自身が取り仕切ることになった。

その「とばっちり」を受けたのがほかならぬ女王陛下であった。ハッサンは女王夫妻を郊外での昼食に誘い、特設テントの前で自慢の騎馬兵による行進で二人を歓待した。ところがやがて国王の姿が見えなくなった。ハッサンは女王一行の宿舎を別の宮殿に移すことに決め、自分はエアコンの効いた涼しい部屋からすべてを指示していた。

一方のエリザベス女王のほうは、三〇度を超える炎天下で騎馬兵の行進を延々と見せられるだけであった。いくら子ども時代から馬に接し、自身も乗馬を得意とする女王とはいっても、二時間も三時間も同じような行進ばかり見せられていてはたまったものではない。ハンドバッグを右下に置き、時折、靴のかかとでカツカツ音を立てるという女王の仕草は、彼女が不機嫌であるときに見せる「お決まり」のポーズだった。

ハッサン国王がようやく女王夫妻の前に姿を現したときには、午後五時を回っていた。それから遅い「昼食」の始まりである。なんと女王夫妻は、炎天下を飲まず食わずでほったらかしにされていたのである。特設テントで饗されたのは、アラブ世界に特有の子羊の丸焼き

手づかみで羊肉を食べるエリザベス女王とハッサン国王

という定番のご馳走《ちそう》であったが、手づかみで羊肉を食する女王の目は心なしか怒りに満ち満ちているように感じられた。

　ハッサンは遅刻の常習者であった。翌日の昼食も遅れに遅れて到着した。すると国王は、いきなり女王秘書官補を指さして、女王にこう叫んだ。「このゴタゴタの原因を作ったのはあの男です！」。すかさず女王はハッサンをにらみ返してこう言い放った。「私の宮廷職員に対してそのような言い方をしていただかなければ、大変有り難いんですけどねぇ」。ハッサンの負けだった。言い合いはそれでおしまいとなった。

　さらにモロッコ最後の晩にも一悶着《ひともんちゃく》起こった。この日はゲストである女王の側が答礼晩餐会を催す番である。海外訪問にブリタニア号を利用している場合には、このヨットで晩餐会を行うことが多い。全長一二五メートル以上で、二二〇名の乗組員が支えるブリタニア号は、最大で二五〇名の賓客を招くことができ、食後の余興を楽しめる劇場まで完備されているのだ。このモロッコ最後の晩餐も、ブリタニア号で饗されることになった。

ところが用意万端整ったところで、モロッコの宮内大臣から連絡が入った。国王は宮殿を移動するため遅れると。またまた「暗殺予告」に怯《おび》えたハッサンの遅刻である。本来であれば、ハッサンなど無視してすでに乗船している他の賓客たちのために出港してもよいところではあったが、「国王陛下が遅れるとのことで了解しました」と女王は毅然として宮内大臣に返答し、ハッサンを待つことにした。

やがて五四分も遅れてタキシードに身を包んだハッサンが到着した。しかも彼のうしろからはぞろぞろと大勢の紳士淑女までヨットに乗り込んでくるではないか。国王は、本来は呼ばれていなかったモロッコ王族たちも勝手に連れてきてしまったのである。給仕たちは大慌てで予備の食器と座席を用意し、厨房《ちゅうぼう》は新たな料理の準備に大わらわとなった。

こうして女王にとって忘れられぬモロッコでの三日間は幕を閉じた。これより七年後にハッサン二世は「国賓」としてバッキンガム宮殿を訪れた。七年前に受けた「恨み」などなかったかのように、女王はいつもどおりにモロッコ国王を接遇した。しかしこのたびの訪英にあたり、ハッサンに新たな勲章が与えられることはなく、七年前に授与したバース勲章勲一等を佩用して、ハッサンは晩餐会に臨むことになった。

ハッサン二世の時代には、モロッコではいまだに「男尊女卑」の傾向が強く、王妃たち（一夫多妻制）も結婚時に名前はおろか、顔さえ公衆に知られることはなかったのである。王妃の存在（名前）は皇太子を産んだときにだけ公表され、以後も公式に姿を現すようなことはなかった。こうした気風がハッサンとエリザベスの関係にも響いたのかもしれない。

ハッサンの没後、エリザベス女王がモロッコを再訪する機会は二度と訪れることもなく、新王が国賓としてイギリスに迎え入れられることもなかった。

恩讐の彼方に——和解の担い手としての女王

このように女王の海外訪問は、決して楽しい思い出ばかりではないが、それでも女王は世界中の人々と接するのを喜びとしてきた。なかでも大切な交流のひとつが、長い歴史のなかで一度は敵同士として相まみえた人々と「和解」を果たしていくというものだった。

女王自身も「エリザベス・アレキサンドラ・メアリ准大尉」として婦人部隊に入隊して戦

った第二次世界大戦（一九三九～四五年）で、敵国として相対《あいたい》したイタリアと西ドイツから、両国の大統領を「国賓」として招いたのは、戦後一三年を経過した一九五八年のことだった。一九四三年九月に降伏し、イギリス本土に被害を与えていないイタリア大統領の訪英にあたっては、イギリス国民からの反発もそれほどあがることはなかった。しかし、一九四〇年七月からの「ブリテンの戦い（Battle of Britain）」以降、ロンドン等に空襲を行って大勢の死傷者を出していたドイツともなると、国民感情はいまだに微妙であった。

　こうした背景もあってか、女王自身が国賓としてイタリアを訪問したのはそれからわずか三年後の一九六一年のことであったが、西ドイツを訪れることができたのは、それからさらに四年後の一九六五年であった。戦後二〇年にしてようやく英独の和解の道も本格化した。六九年に及ぶ在位で女王は五度も西ドイツ（九〇年からドイツ）を公式に訪れた。

　そして太平洋戦争で相対した日本との「和解」も女王の手によって進められた。日本ではあまり知られていないことであるが、一九四二年二月に大英帝国の東南アジアにおける拠点シンガポールが日本軍の手に落ちて以降、捕虜となったイギリス人に対する日本軍の「虐待問題」が戦後には問題視されていた。

　このため、昭和天皇が一九七一（昭和四六）年に訪英した際には、ヴィクトリア駅からバッキンガム宮殿に向かう沿道で、女王と天皇の乗る馬車に上衣を投げつける男性や、罵声《ばせい》を浴びせる人々の姿もあった。また、明仁天皇夫妻が訪英した一九九八（平成一〇）年においても、女王と天皇の乗る馬車に背中を向けて抗議する人々がいた。

こうした問題はいまだに尾を引いているが、女王自身も一九七五（昭和五〇）年五月に来日した。日本を公式に訪れたイギリスの君主はエリザベス二世が初めてであった。以後は「遠すぎる」こともあって、女王による訪日は見られないが、一九七〇（昭和四五）年に大阪万博を見学するために初来日を果たしたチャールズ皇太子は、その後の平成（九〇年）と令和（二〇一九年）の二度の「即位礼正殿の儀」に出席し、日英関係の親善に尽くしている。また彼の長男ウィリアム王子も、二〇一五年に訪日を果たし、東日本大震災の被災地などを訪れている。

このように世界大戦で相対した国々との「和解」に尽力する女王や王室であるが、それ以上に長く複雑な対立関係が見られたアイルランド共和国との「和解」にも積極的である。中世以来、イングランドの抑圧を受けてきた隣島アイルランドは、テューダー王朝の時代にヘンリ八世が勝手に「アイルランド王」を名乗り、一七世紀には二度の革命（清教徒革命と名誉革命）の折に、クロムウェルやウィリアム三世から侵略を受け、以後はイギリスにとって

エリザベス女王と馬車に乗る昭和天皇（1971年）

一番近い「植民地」のような存在として扱われてきた。

それが二〇世紀に入り、北部四分の一（アルスター）を除き、南部の四分の三が「アイルランド自由国」として自治領となり、一九四九年からはコモンウェルスも完全脱退して現在のアイルランド共和国に落ち着いた。しかしアルスターも含めての全島独立をめざす勢力もおり、一九七〇年代には北アイルランドを中心に、イギリス各地でテロが相次いだ。女王の夫君エディ

訪日したウィリアム王子と徳仁皇太子（当時、2015年）

ンバラ公の叔父にあたるマウントバッテン伯爵も、アイルランドで休暇中に「ＩＲＡ（アイルランド共和軍）」のテロの犠牲となり、命を落としている。

　こうした長く複雑な歴史をたどり、二〇一一年五月にエリザベス二世はイギリスの元首として独立後初めてアイルランド共和国に降り立った。訪問当初はこれに反対するデモや爆弾騒ぎまで生じていたが、アイルランド独立のために命を落としたすべての人々を祀《まつ》る慰霊碑（追悼の庭園内）に女王が頭を下げながら献花し、長い黙祷《もくとう》を行った後から、そのような動きは収まった。この訪問で女王は、メアリ・マカリース大統領（在任一九九七～二〇一一年）から

アイルランドを訪問した女王夫妻を迎えるマカリース大統領（当時）

市井《しせい》の人々に至るまで、多くのアイルランド人と親しく接した。

その三年後には、今度はマイケル・ヒギンズ大統領（在任二〇一一年〜）がアイルランドの元首として初めてイギリスを公式に訪れた。ウィンザー城を舞台に繰り広げられた「王室外交」により、イギリスとアイルランドとの関係は徐々に改善されつつある。

ただしイギリスの「外交」にもいまだ限界はあろう。なによりイギリスは一九世紀から二〇世紀に至るまで「負け知らず」で数々の戦争をくぐり抜けてしまった。「スエズ危機」（一九五六年）は別として、大きな戦争で手痛い敗戦を被《こうむ》っていたら、あるいは「反省」「謝罪」という機運も高まるのかもしれないが、戦勝国イギリスにそのような感覚はない。

周知のとおり、一九世紀の「大英帝国」の時代を中心に、イギリスは世界各地で非道な支配を行うこともあった。しかし、エリザベス女王がこれに対して「反省」「謝罪」するような場面はあり得ない。そのようなことをすれば、高祖母ヴィクトリア女王に始まり、最愛の祖父ジョージ五世に至るまで、自分の祖先たちの統治をすべて「否定」することにつながるからだ。

とはいえ、時代は確実に変わっている。いずれ、イギリスの君主が「帝国主義時代」のイギリスの統治について新たな見解を示すときもおとずれるかもしれない。謹厳実直な姿勢を貫くエリザベス二世の「王室外交」は、チャールズ皇太子、ウィリアム王子、そしてジョージ王子へと着実に受け継がれていくことだろう。

第五章　皇室外交への示唆

ノルウェー・オスロの宮中晩餐会でお言葉を述べる明仁天皇（2005年5月）

「天皇」と外交

二〇二〇年一月、これより半年ほど前に即位したばかりの徳仁《なるひと》天皇と雅子皇后が初めての国際親善の旅に出られることが発表された。行き先は「グレート・ブリテン及び北アイルランド連合王国」。すなわちイギリスである。お二人とも若き日に留学を経験された国でもあり、現代世界の「王室外交」において頂点に位置するエリザベス二世女王が迎えてくれるイギリスへのご訪問は、両陛下にとっても念願のひとつであったことだろう。

ところが、その直後に新型コロナウイルスの感染が世界中に蔓延《まんえん》したこともあり、三月一八日に天皇皇后の訪英は延期されてしまった。その後の状況次第ではあるが、現段階では二〇二一年秋にあらためて訪問が行われるかもしれない。そのときに両陛下は、エリザベス女王が「国賓」として迎える一一三組目のゲストとなられるわけである。

「はじめに」でも論じたとおり、第二次世界大戦後の日本国憲法下においては、「国民の象徴」たる天皇や皇族が国際的な交流を進めるのは「国際親善」であり、「外交」とは呼ばれていない。しかしこれまたすでに述べたが、現在の天皇皇后はもとより、昭和以降の天皇による国事行為（外国の大使及び公使の接受等）も公的行為（外国要人との引見や海外訪問）を見ても、それは「皇室外交」と呼んでも差し障《さわ》りのないものである。

若き日の徳仁天皇と女王夫妻（2001年5月、ウィンザー城）

そもそも「天皇」という君主号それ自体が、日本で作られ、定着した背景には「外交」がからんでいたのである。古代ではいまの天皇は「大王《おおきみ》」と呼ばれていた。それが「天皇」と称するようになるのは、隋や唐といった中華帝国と交流するようになってからのことだ。

中国においても古来「天子」が最高の位置にあったが、春秋戦国時代に数多くの「王」が現れ、これと区別するために秦の始皇帝（在位紀元前二二一～前二一〇年）が「皇帝」を用い、「王」よりも上位の存在となった。さらに漢の最盛期を築いた武帝（在位紀元前一四一～前八七年）の時代に、「皇帝」と「諸侯王」の違いが明白につけられ、中華皇帝が外夷の首長たちに王の称号を与える「冊封《さくほう》」が定着していく。

やがて隋王朝（五八一～六一八年）や唐王朝（六一八～九〇七年）の時代に、日本とも交流は始められるが、天武天皇（在位六七三～六八六年）の時代に中華の皇帝と「対等」の位置にある君主号として「天皇」という漢語が使われるようになったとされる。ただし漢語はあくまでも対外的称号であり、国内的には「スメラミコト」などのやまとことばが使われていたようである。とはいえ、当時の大唐帝国に日本がかなうはずもなく、唐への外交文書には「天皇」の文字は使われていなかったと考えられる。

しかしやがて遣唐使も廃止され（八九四年）、対外的な称号の必要性が減じていくと同時に、中国との関係で始まった漢語概念であった「天皇」号は日本になじまず姿を消していく。再び「天皇」が登場するのは、その漢語・漢学が盛んになる江戸時代の後半である。「天皇」号も、光格《こうかく》天皇（在位一七七九～一八一七年）により復活させられ、崩御《ほうぎょ》した折（一八四〇年）の諡号《しごう》（おくりな）に「天皇」が使われるようになった。

さらにこれが定着していくのが、明治維新以後のことである。将軍に代わり、明治天皇（在位一八六七～一九一二年）がこの国の「元首」として欧米列強と相対《あいたい》していくことになり、当時のヨーロッパの大国は「皇帝」によって治められていたこともあり、Emperor の意味を持つ対等の君主号として「天皇」は位置づけられていった。

以後今日に至るまで、日本の天皇が海外ではEmperorと呼ばれているのは周知の事実である。二〇世紀後半に、エチオピア（一九七四年）とイラン（七九年）で帝政が倒され、いまや世界でEmperorの称号を帯びているのは、日本の天皇だけとなってしまった。

最初の皇室外交——アルフレッド王子の来日

このように古来から「天皇」は「外交」と深い関わりのある称号ではあるが、もちろんのことながら、近代以前の天皇が「外交」に直接携わっていたわけではない。「天皇」が初めて西洋人と直《じか》に接したのは、一八六八（慶應四）年三月二六日のことだった。ときの明治天皇が駐日公使サー・ハリー・パークス（一八二八〜一八八五）らイギリス外交使節に謁見したのが最初である。当時、天皇はまだ一五歳の「幼沖《ようちゅう》の天子」であった。

その明治天皇は早くもその翌年に、近代日本で初めての「国賓」を迎えなければならなくなった。大英帝国の当主ヴィクトリア女王（在位一八三七〜一九〇一年）の次男アルフレッド王子（一八四四〜一九〇〇）が、オセアニア歴訪の後に東アジアへと立ち寄ることになったのである。パークス公使は「イギリスはもとより、すべての列強が接遇のあり方に注目している」と日本政府の高官を脅しつけ、延遼館《えんりょうかん》（現在の浜離宮恩賜公園内）の内装が急ご

延遼館

しらえで一新され、ここがいわば「迎賓館」の役割を果たしていく。

一八六九（明治二）年九月にアルフレッド王子は東京に到着した。赤坂の仮御所で八歳年下の明治天皇から温かく迎えられ、謁見の儀式の後に、王子一行は庭園内の紅葉《もみじ》茶屋で茶と珍味を饗され、滝見茶屋で再び天皇と会見した。このとき王子から天皇にダイヤモンドがちりばめられた嗅《か》ぎ煙草《たばこ》入れが贈られた。「高価な贈り物」の捧呈は、このときにも行われたわけである。こののち王子一行は一週間ほど滞在し、東京を満喫した。

東京をあとにすると、王子一行は瀬戸内海や長崎を経て、一路中華帝国の首都北京へと向かった。しかし当時の中華皇帝である同治帝《どうちてい》（在位一八六一～七五年）はまだ一三歳と未成年であり、外国の使節と会う習慣もなかったため、アルフレッド王子も皇帝への謁見はかなわなかった。北京からの帰路に、王子は母のヴィクトリア女王に次のような手紙を送っている。

「私の北京訪問はまったくの私的なものであるがゆえに、中国人たちも私の「宮廷への」来訪を拒絶したのだと思います。それとは正反対に、日本政府は私を最大級の礼儀と配慮で迎えてくれました」

それまでヴィクトリア女王が抱いていた日本のイメージは「遠くて野蛮な国（distant and wild country)」というものであった。特に幕末の一八六二（文久二）年に生じた、薩摩藩の島津《しまづ》久光《ひさみつ》の行列に騎乗のイギリス人らが遭遇し、無礼《ぶれい》打ちにあった「生麦事件」の印象が強く残っていたようである。このとき女王は、大切な「臣民」を保護するため速やかに報復措置を執るよう、外相に指示を出していたほどである。それは薩英戦争へとつながる。

アルフレッド王子（1860 年、16 歳頃）

21歳時のアルフレッド王子

しかしそれからわずか七年後に、次男坊アルフレッドが日本の天皇や政府から大歓待を受け、帰国後の王子からもいろいろと聞くうちに、日本は決して野蛮ではなく「文明国」であると、女王は考えを改めるようになっていた。さらにその三年後、欧米列強から様々なものを吸収しようとイギリスを訪れた岩倉使節団（一八七一～七三年）ともウィンザー城で謁見し、彼らの知的な風貌《ふうぼう》から、女王は「日本」に好意を抱くようになっていた。

当時、「七つの海を支配する大英帝国」といわれたイギリスに最盛期を築いていた女王の「日本観」を大きく変えることに成功したとは、明治新政府の首脳らが奔走した「皇室外交」の面目躍如《めんもくやくじょ》ともいうべきか。

西欧流の導入――饗宴外交の刷新

とはいえ日本側にいわせれば、「皇室外交」はまだまだ緒《ちょ》に就いたばかりのことだった。アルフレッド王子は日本での歓待を喜んでくれたようではあるが、やはりヨーロッパ王室に通常見られるような「宮中晩餐会」が今後は必要になってこよう。そのためにも宮廷にも進んで「洋食」を採り入れなければなるまい。王子来日の二年後、一八七一（明治四）年に宮内省は天皇による「肉食解禁」を発表し、日本の宮中にも食肉文化が本格的に採り入れられる。それと同時に、西欧流の飲食やそのマナーが導入されていくこととなった。

日本で食肉文化が公式に始まったのと時を同じくして、岩倉使節団がアメリカを経由し、ヨーロッパ各国の王侯たちからも接遇を受けた。彼ら明治新政府の指導者たちは、「洋食」を実体験して日本へと持ち帰った。使節団が帰国した直後の一八七三（明治六）年一〇月に、折しもイタリア国王の甥にあたるジェノヴァ公爵（一八五四～一九三一）が訪日しており、赤坂仮御所での午餐の席で初めて「洋食」がふるまわれた。この間に宮内省大膳寮《だいぜんりょう》は西洋料理やデザートの作り方を学び、さらには食器類も大急ぎで用意した。明治天皇も初めて公《おおやけ》の場でナイフとフォークを使って食事をしたわけである。

さらにその後も、欧米各国から要人が日本を訪れるようになると、天皇は宮中で午餐もし

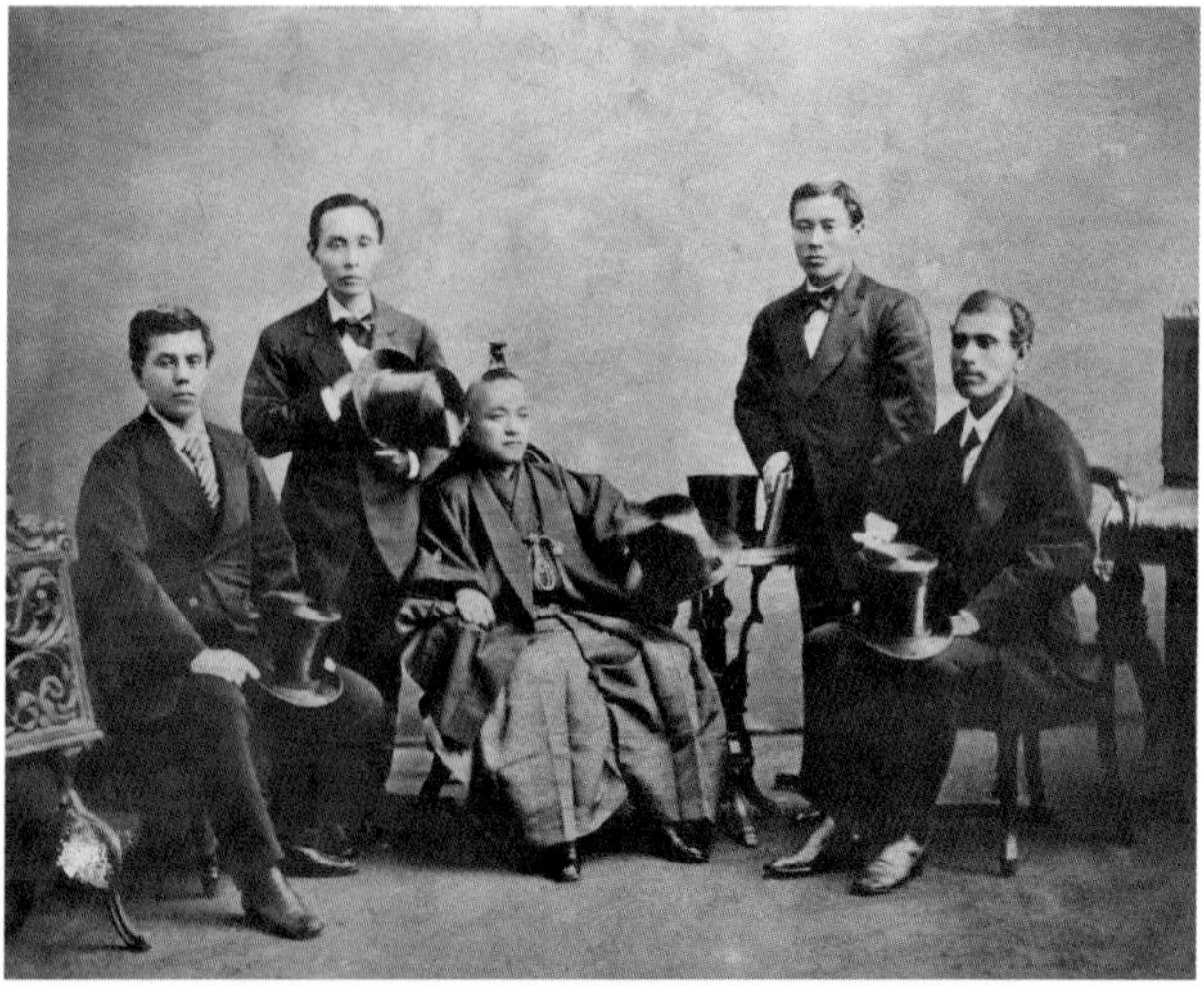

岩倉使節団

くは晩餐をもてなし、それは和食ではなく「洋食」が一般的となっていく。

　アルフレッド王子訪日から一二年を経た一八八一（明治一四）年秋に、天皇は再びイギリスからのお客さまを迎えることになった。アルフレッドの兄で皇太子アルバート・エドワード（のちの国王エドワード七世）の二人の息子たち、エディ王子とジョージ王子（のちの国王ジョージ五世）である。二人は当時海軍幼年学校におり、その卒業試験ともいうべき世界周遊の航海の途上で日本に立ち寄ったのである。

　二人の王子が泊まったのは、アルフレッド「おじさん」と同じく延遼館だった。

しかし今回は、イギリスに留学経験のある東伏見宮《ひがしふしみのみや》嘉彰《よしあき》親王（のちの小松宮《こまつのみや》彰仁《あきひと》）が通訳兼接待係として付いてくれたばかりではなく、おじさんのときには催されなかった「宮中晩餐会」も行われた。それはクルトン入りのスープに始まり、魚料理、牛フィレ肉のマッシュルーム添え、牛タンのトリュフ添え、ウズラとライス、鹿のもも肉のローストなどの、まさにフルコースであった。航海中はいつも、しけたパンや塩漬けの豚肉ばかり食べさせられていた兄弟は大喜びだった。

さらにデザートが饗されたとき王子たちは驚いた。金の食器類はイギリス王室御用達《ごようたし》のガラード社製であり、デザート皿は同じくイギリスのミントン社製。しかも、王子たちがロンドンで暮らすマールブラ・ハウス（皇太子の邸宅）でいつも使われている食器と寸分違《たが》わぬものだった。唯一違ったのは、お皿の中央部に描かれた紋章が「菊の紋所」だったことぐらいである。王子たちは、まるで我が家に帰ってきたかのようにくつろぎながら、お茶やデザートを楽しんだとされる。

こうして明治半ばまでに、日本でも西欧流の饗宴外交が定着していった。

鹿鳴館

世界の一等国へ——明治～大正期

さらに二人のイギリス王子が日本を訪れた二年後、一八八三（明治一六）年には、かの有名な「鹿鳴館《ろくめいかん》」がオープンした。

当時の日本は、列強から植民地にされることは免れたものの、欧米諸国と「不平等条約」を結ばされていた。すなわち海外からの商品に勝手に関税はかけられず、日本国内で罪を犯した外国人を独自に裁くこともできなかった。この「関税自主権」と「治外法権」とをめぐっては、岩倉使節団でさえ各国との話し合いはあまり進まず、その後も進展を見せていなかった。維新の指導者で外務卿（外相）の井上馨《かおる》（一八三六～一九一五）は、各国の外交官らを接遇するための社交場として、西欧流の建物において西洋料理を饗することのできる鹿鳴館を造らせたのである。世に言う「鹿鳴館外交」の時代である。

しかし、井上のもくろみはうまく運ばなかった。不平等条約の改正には、日本が欧米に引けを取らない「文明国」であることを納得させなければならなかった。それは外交儀礼や洋食、洋館での饗宴も必要であったかもしれないが、それと同時に欧米流の政治・経済・軍事的な機構や制度も備えていなければ、そもそも話し合いにも応じてもらえなかった。

井上馨

このため日本政府は、華族制度を導入し（一八八四年）、太政官《だじょうかん》制に替わり内閣制度に切り替え（八五年）、大日本帝国憲法（八九年制定）を基軸とする欧米流の法体系を整え、帝国議会を開設して（九〇年）、司法・立法・行政のいずれにおいても、欧米列強に引けを取らない制度や機構を築き上げた。さらに日清戦争（一八九四～九五年）での勝利は、日本が欧米流の経済力や軍事力を備えるようになっていた証《あかし》ともなってくれた。

こうして一八九四（明治二七）年には、列強のなかでも最大の大国であるイギリスが、まずは日本との条約改正に応じることとなった。ついで各国もこれに倣い、これで日本はようやく「文明国」として列強から認められるようになっていったのである。

本書でもたびたび触れているとおり、「外交」とは「対等」のもの同士の間でしか成り立たないものである。一六～一七世紀にはユーラシア大陸の巨大帝国の前に、「野蛮人」のヨーロッパ諸国が外交関係を持つことはできなかったが、いまや立場が逆転し、ヨーロッパ列強が「野蛮なアジア」の国々を支配下に置き、また「不平等」条約を押しつける番となっていた。日本が欧米に「文明国」と認められるためには、外交儀礼はもちろんだが、それ以外にも近代的機構・法・制度も必要だったのである。この間に鹿鳴館は閉鎖され、華族会館へと姿を変えるようになっていた（一八九〇年）。

さらに世界における日本の立場を強めたのが、日露戦争（一九〇四～五年）であった。当初は世界最強の陸軍大国ロシアに日本がかなうはずなどないと誰もが予想していたのだが、陸海軍ともに善戦し、日本が一定の勝利をつかんだ。それと同時に、イギリスとの間に第二次日英同盟が結ばれ（一九〇五年八月）、その年の一二月に東京常駐のイギリス公使館は

「大使館」に昇格された。同様にロンドン駐在の日本公使も大使へと格上げされた。
大英帝国が、当時、世界に派遣していた「大使」はロシアやドイツ、フランス、オーストリアなど「大国」のみに限られ、アメリカ合衆国でさえ大使館に昇格したのはこれより一二年前の一八九三年にすぎなかったのである。そして先の条約改正と同様に、このたびのイギリスの例に倣い、フランスやイタリア、ドイツや日露戦争の敵国ロシアまでもが、日本との間に「常駐大使」を交換するという、外交儀礼上の最上の国として日本を遇《ぐう》するようになっていた。

　これに先立つ第一次日英同盟締結時（一九〇二年一月）には、同盟の適用範囲は東アジアに限られており、日本にとってはその権益の一〇〇％だったかもしれないが、世界中に領土を有する大英帝国にとってそれは数％の権益に関わるものでしかなかった。それが、第二次の日英同盟では日本は東南アジアやインドに救援に駆けつけるという内容まで盛り込まれるようになっていたのである。それまでイギリスにとって「格下《ジュニア》のパートナー」にすぎなかった日本は、ここに「対等《イコール》のパートナー」となったのである。

　こうしたなかで、第四章でも述べたとおり（一七四頁）、ときのイギリス国王エドワード七世（在位一九〇一〜一〇年）にとってかけがえのない同盟者となった明治天皇にガーター

ガーター・ローブ姿の大正天皇（1912年頃）

勲章が授与されることになった。イギリスに勲章を取りに来られない天皇には、国王の甥を団長とする「ガーター使節団（Garter Mission）」が日本に派遣され、彼らは宮中晩餐会で大歓待を受けることとなった。さらに明治天皇崩御に伴い、次代の大正天皇（在位一九一二〜二六年）にもすぐにガーター勲章が授与され、いまや日本はヨーロッパの超一流国と同等の立場に立っていた。

こうしたなかで第一次世界大戦（一九一四〜一八年）をともに戦い、日英関係はさらに深まっていったかに見えたが、日英同盟を疎《うと》ましく思っていた戦後の世界大国アメリカの圧力もあり、一九二二（大正一一）年に日英同盟は消滅する。

その同じ年、大英帝国の皇太子エドワード（のちの国王エドワード八世）が日本を訪れることになった。イギリスからの皇太子の来日はもちろん初めてである。当時は大正天皇が病気のため、裕仁《ひろひと》皇太子（のちの昭和天皇：在位一九二六～八九年）が「摂政《せっしょう》」を務め、前年五月にイギリスを訪問して以来の親友エドワード皇太子の接遇にあたった。このイギリス皇太子を歓迎する宮中晩餐会を取り仕切ったのが、ときの大膳寮厨司長《ちゅうしちょう》で「天皇の料理番」と呼ばれた秋山徳蔵《あきやまとくぞう》（一八八八～一九七四）だった。本場パリの一流レストランで修業した秋山の料理に、美食家として有名だったエドワードも舌鼓を打ったとされる。

第二次世界大戦後の裕仁の皇室外交

しかしそれからわずか二〇年たらずで、日英は戦闘状態に突入した。ジョージ五世から与えられた「ヒロヒト」のガーター勲章は剥奪され、両国の外交関係も断絶された。

一九五一（昭和二六）年九月に署名されたサンフランシスコ平和条約により、日英両国は再び外交関係を樹立したが、政府間の交流をさらに促進したのが、両国の皇室と王室であった。条約発効の翌年、一九五三（昭和二八）年六月二日にイギリスでエリザベス二世の戴冠

エリザベス女王の戴冠式（1953年6月）

式が行われ、日本からはまだ一九歳だった明仁《あきひと》皇太子（現在の上皇陛下）が出席した。いまだ大戦中の捕虜虐待問題はもとより、太平洋戦争の傷跡がイギリス市民の間にも色濃く残るなか、皇太子にとっても戦争の現実をよく理解できる機会となった。

　また戴冠式終了後に歴訪したヨーロッパ諸国では、のちに各国の国王や女王に即位する同世代の王子や王女たちと親交を築いた明仁皇太子であった。

　イギリス王室から戦後の日本を初めて訪れたのは、エリザベス女王の従妹《いとこ》（父ジョージ六世の弟ケント公爵の長女）にあたるアレキサンドラ王女だった。一九六一（昭和三六）年一一月に王女は「国賓」待遇で

訪日したアレキサンドラ王女と昭和天皇夫妻（1961年11月）

昭和天皇から迎えられ、宮中でも晩餐会が開かれた。翌六二年に天皇は王女来日のお礼として、女王に大勲位《だいくんい》菊花《きつか》章《しょう》頸飾《けいしょく》並びに大勲位菊花大綬章《だいじゅしょう》を贈る使節として、弟の未亡人である秩父宮《ちちぶのみや》勢津子《せつこ》妃をイギリスに遣わした。

こうして日英両国の皇室・王室間の交流も本格的に再開され、それがお互いの当主同士がそれぞれに訪英（一九七一年）と訪日（七五年）を成し遂げるきっかけとなっていった。

また昭和天皇は、イギリスを訪れた一九七一（昭和四六）年には歴代天皇として初めての海外訪問を実現しており、このときにはベルギーやフランス、オランダ、西ド

訪米した昭和天皇。フォード大統領主催の歓迎晩餐会（1975年10月）

イツなども廻っている。そして二度目の海外訪問の目的地はアメリカとなった。終戦からちょうど三〇年が経過した一九七五（昭和五〇）年のことであったが、かつての敵国アメリカにはいまだに「ヒロヒト」をヒトラーやムッソリーニと同等に扱う風潮も残っていた。

こうした印象を払拭《ふつしょく》したのが、昭和天皇の誠実な人柄と天皇自身がアメリカに対して抱いていた偽らざる気持ちを伝えたホワイトハウスの晩餐会での「おことば」であった。

私は多年、貴国訪問を念願にしておりましたが、もしそのことが叶えられた時には、次のことを是非貴国民にお伝えしたいと思っておりました。と申しますのは、私が深く悲しみとする、あの不幸な戦争の直後、貴国が、我が国の再建のために、温かい好意と援助の手を差し延べられたことに対し、貴国民に直接感謝の言葉を申し述べることでありました。当時を知らない新しい世代が、今日、日米それぞれの社会において過半数を占めようとしております。しかし、たとえ今後、時代は移り変わろうとも、この貴国民の寛容と善意とは、日本国民の間に、永く語り継がれて行くものと信じます。

ある意味では日米が「戦後和解」をようやく成し遂げた瞬間であったのかもしれない。昭和天皇の「おことば」が終わるや、会場から拍手が鳴り止《や》まなかったとされる。晩餐会の席上でヘンリ・キッシンジャー国務長官は「これほどまでに感動的なスピーチを聴いたことがない」と感極まり、共和党のマイク・マンスフィールド上院院内総務（のちの駐日大使）はこの「おことば」を議会の議事録に収めさせたほどであった。

昭和天皇自身は、生涯に三度しか海外訪問の経験はないが、戦後の日本には一九五三（昭和二八）年一一月にアメリカのリチャード・ニクソン副大統領（のちの大統領）が訪れて以来、数多くの貴顕が公式訪問するようになっていた。一九六四（昭和三九）年からは、現在にも続く「国賓」（国家元首）と「公賓」（皇太子・首相など）の区別が設けられるようにな

大喪の礼に参列する（前列右から）ミッテラン大統領（仏）、ワイツゼッカー大統領（西独）、ブッシュ父（米）ら

っているが、それ以前の「国賓待遇」（ニクソン副大統領やアレキサンドラ王女など）も含めれば、昭和天皇は一九八八（昭和六三）年六月に国賓として来日したセネガルのアブドゥ・ディウフ大統領（在任一九八一～二〇〇〇年）まで、実に一〇〇組にのぼるお客さまを接遇してきたのである。

　こうした昭和天皇による「皇室外交」の結果が、一九八九年二月に執り行われた「大喪の礼」に、世界一六四ヵ国並びに二七機関から実に七〇〇人に及ぶ弔問客が訪れるということにつながったのであろう。

明仁・徳仁の時代の「皇室外交」へ

次代の明仁天皇（在位一九八九～二〇一

九年）ともなると、すでに「はじめに」で紹介したとおり、まさに世界中を駆け巡った最初の天皇ともいえよう。美智子妃（皇后）とともに公式に海外を訪問した回数は、皇太子時代も含めて四二回に及ぶ。訪れた国の数は、のべで一一三ヵ国となる。

第二次世界大戦後には、連合国から敵視されていた昭和天皇が海外を訪れられないため、その名代として皇太子夫妻が各国を訪問するのが慣例となっていった。すでに述べたとおり、戦後には各国から国賓が来日するようになっていた。当然それに対する「答礼訪問」が必要となってくる。皇太子夫妻は、アジア・アフリカから南北アメリカ大陸、オセアニア、そしてヨーロッパと、まさに世界中を廻って「国際親善」に努めた。

さらに皇太子時代からすでに始められてはいたが、父の昭和天皇が実現できなかった、太平洋戦争での激戦地への慰霊の旅も、明仁天皇夫妻にとって生涯をかけた「外交」となっていく。終戦六〇周年の二〇〇五（平成一七）年にはサイパン島に赴き、それは戦争で亡くなった人々の慰霊と平和を祈念する旅となった。日本人が大勢身投げした「バンザイクリフ」では、天皇夫妻は海に向かって深々と頭を下げて黙祷《もくとう》された。

そして終戦七〇周年の二〇一五（平成二七）年には、「ペリリューの戦い（一九四四年）」の舞台となった太平洋のパラオを天皇皇后は訪れた。翌一六年、夫妻はフィリピンを公式訪

バンザイクリフで黙祷する明仁天皇、美智子皇后（当時、2005年6月）

問し、ここでも太平洋戦争の「追憶」が語られた。

こうした戦死者への慰霊と平和を希求する明仁天皇と美智子皇后の旅は、戦前に生まれ、戦中に幼少時を迎えた二人だからこそできる（あるいはしなくてはならない）ものだったのかもしれない。二〇一九年五月一日に即位した徳仁天皇と雅子皇后は、ともに戦後一〇年以上を経過してから誕生され、先代の天皇皇后とは異なるかたちで「国際親善」を進めていくことが可能であろう。

特に長期の海外留学の経験を有する徳仁天皇と、「帰国子女」でもあった雅子皇后とは、外国語能力については定評がある。二〇一九年にお二人が即位後に初めて国賓として迎えたアメリカのドナルド・トランプ大統領（在任二〇一七～二一年）夫妻が来日した際には、通訳を介さなくてもかな

トランプ大統領夫妻を迎える徳仁天皇・雅子皇后（2019 年 5 月）

り深い内容のお話をなさるなどしている。

そしてお二人は天皇・皇后になられる前から、国際的な活躍を果たしてきている。雅子妃はもともとが「職業外交官」であり、これはもちろん歴代皇后のなかでは初めてのことである。

徳仁天皇は、一九八七（昭和六二）年にネパールを訪れたとき、女性や子どもたちが一日に何時間もかけて水を汲《く》まなければならない姿に衝撃を受け、以後は地球上での「水の確保」という問題に関心を示されてきた。それは二〇〇三（平成一五）年に関西で開かれた第三回世界水フォーラムで名誉総裁に就かれたのを皮切りに、翌〇四年に創設された「国連 水と衛生に関する諮問《しもん》委員会（ＵＮＳＧＡＢ）」にも深く関わり、〇七年からその名誉総裁に就任され、

国連で演説する徳仁皇太子（当時、2015年11月）

さらに二〇一五（平成二七）年に「国連 水と災害に関する特別会合」にも出席し、国連会場では演説も行っている。

皇太子妃時代には、ご病気もあってあまり海外での公務に就かれることのなかった雅子妃であるが、皇后になられる少し前から地球環境問題とともに、子どもの貧困や虐待防止などに関心を示されていることが明らかになった。

このような特定の国や地域に限定されず、全地球的な課題ともいうべき問題に積極的に取り組んできたのが、実は各国の王室メンバーたちであった。イギリスのチャールズ皇太子は、まだ海洋の汚染や地球温暖化などが問題視されていなかった一九六〇年代終わり頃から、これらの問題について警鐘を鳴らしてきた。当時は「変人」扱いされるような問題であったが、それがいまでは時代の最先端をいく課題となっている。

また、チャールズの妹のアン王女は、第一次世界大戦後のヨーロッパに孤児たちがあふれるなかで設立された「セーブ・ザ・チルドレン」という子どもの尊厳を護るための団体の総裁を一九七〇年から務めてきた。当時、彼女はまだ二〇歳になったばかりであった。それからの半世紀にわたり、王女は世界中を廻って子どもたちのために尽力してきた。

子どもの虐待防止を推進する団体としては、一九九九年にスウェーデンで創設された、「世界子ども財団」がある。創設者は国王カール一六世グスタヴ（在位一九七三年～）の妻シルヴィア王妃である。また中東のイスラーム社会では、二一世紀のいまも婦女子に対する差別が強く、特に女性教育が遅れている地域も多い。こうしたなかでヨルダン国王アブドゥッラー二世（在位一九九九年～）の妻ラーニア王妃は、婦女子の教育推進や女性のための職業訓練学校の設立などに尽力し、ユニセフ（国連児童基金）の親善大使としても世界的に活躍してきた。

このように地球環境問題や子どもの保護に関わる活動の「先達《せんだつ》」ともいうべき存在が、ヨ

セーブ・ザ・チルドレンの活動に取り組むアン王女

ーロッパや中東の王室にも数多くいる。徳仁天皇が関わったＵＮＳＧＡＢの議長を務めたのはオランダのウィレム＝アレクサンダー国王であった。

各国からの大使・公使の接受や、国賓・公賓の接遇といった、国事行為や日々の公務に加え、特にヨーロッパ王室に顕著に見られるように、各国王族たちとネットワークを結ぶことによって、徳仁天皇と雅子皇后には今後国際的な活躍をさらに期待できるのではないだろうか。

おわりに

二〇二〇年——王室受難の年？

コロナ禍が世界を席巻《せっけん》した二〇二〇年は、各国の王室が世間を騒がせた年でもあった。まずは年明け早々の一月に、イギリスのヘンリ（家族内での呼び名はハリー）王子が妻のメーガン妃とともに、王室とは一線を画し、独自の活動を展開していくと発表した。

二人の希望に理解を示したエリザベス女王ではあったが、その「処分」は厳しいものとなった。ハリー夫妻はそれまで女王が託していた各種団体のパトロン（総裁・会長など）から外されたばかりか、王族である証としての「殿下（Royal Highness）」の称号も剥奪されたのだ。

さらにコロナ禍の蔓延により、各国で国民に自粛生活が呼びかけられるなかで、タイのラーマ一〇世国王（在位二〇一六年〜）はドイツに長期間滞在し、タイは国王不在の状態が続いた。これが国民の王室に対する不満へとつながり、学生たちを中心に王室改革と政権交替を要求するデモが繰り広げられることになった。王室に対する批判が公の場で表明されるなど、タイの歴史のなかでも初めてのことだった。

そして一〇月には、コロナ禍による「ロックダウン」が発表された直後に、オランダのウイレム＝アレクサンダー国王（在位二〇一三年〜）一家がギリシャに有する別荘で過ごすバカンスの旅に出てしまい、国民からの非難囂々《ごうごう》のなかで急遽《きゅうきょ》帰国し、記者会見で謝罪するという一幕も見られた。

またスペインでは、二〇一四年に退位したファン・カルロス前国王（在位一九七五〜二〇一四年）が、サウジアラビアの国王からサウジでの高速鉄道建設にからみ巨額の賄賂《わいろ》を受け取り、その大半を愛人に渡していた事実まで発覚した。その後、現王室にこれ以上の迷惑をかけたくないと、ファン・カルロスはアブダビへと亡命してしまう。

そして同じく二〇一三年に退位したベルギーのアルベール二世前国王（在位一九九三〜二〇一三年）も、パオラ妃との結婚後に、ある貴族の夫人と愛人関係となり、一児（女児）をもうけていたことが公となった。

「隠し子」の存在は、実はベルギーでは「公然たる秘密」とされていた。認知を求める女児の側から訴訟を起こされ、「国王」という身分のおかげでＤＮＡ鑑定を免れていたアルベールであったが、息子に譲位して「国王」ではなくなると、裁判所からの勧告でついに鑑定に応じることとなり、二人の親子関係が証明された。

一九世紀のイギリスの政治評論家ウォルター・バジョット（一八二六〜一八七七）は、名著『イギリス憲政論』（一八六七年）のなかで、「イギリス人が君主を道徳の指導者として考えるようになって」おり、立憲君主の職務とは「謹直と厳正とを要する重大な職務であり、絶対に興奮を抑えねばならないものである。またその職務は、情熱にそそのかされたり、とほうもない空想を追い求めたり、また無謀な考えを遂行したりするような職務ではない」と鋭く指摘している。

二一世紀の立憲君主たちにとっても、この言葉は充分あてはまるのではないだろうか。

現代における王室外交の効用

「はじめに」でも触れたとおり（一三頁）、二〇二一年現在、世界に拡がるおよそ二〇〇カ国のうちで君主制を採る国は二八にまで減少してしまった。いまや各国で日々の外交を担っているのはそれぞれの政府高官であり、職業外交官たちである。

第一次世界大戦以前のように王侯たちが前面に出て外交を主導するようなことは、君主自身にいまだに大きな権限が残されている中東などの事例を除けば、もはやあり得なくなっている。

それでは現代の政治外交にとって君主はもはや無用の長物なのか。

本書では決して そうではないということも示してきたつもりである。第二次世界大戦後の日本の国際政治学を牽引した高坂正堯《こうさかまさたか》は、昭和天皇が崩御した直後に、次のような名言を残している。

「〝会う〟ということが、外交政治においては大切なことなんですね。会うことによってお互いに信頼関係を築き上げることができる。ところが政治家の場合には、会ったら何らかの成果をあげなければならないという制約がある。天皇さんはそんな必要がない。仮に十回会うとしたら、五回ぐらいは特にどうという話をしなくても全くかまわない。そもそも外交というのは、会えば必ず結論が出るというものではないのですから。それでいいんです。そういう意味では国と国との関係を非政治化し、とくに政治的意味合いがなくても、お互いに関係を続けていくために天皇さんは大変ありがたい存在ですね」(『文藝春秋』第六七巻四号、一九八九年三月特別号、二三九頁より)。

この高坂の至言は、著者が本書でも述べた「ソフトの外交」としての王室外交の極意を見事に表現したものであろう。現代の国際政治においてそれを最も体現した存在が、本書第四章の主人公エリザベス二世であり、そこでも述べたとおり、その王室の極意こそが国民に「継続性と安定性」をもたらす点にある(一六三頁)。

それは何もエリザベス女王に限ったことではない。二〇〇五年五月にスウェーデンとの同君連合を解消して独自の君主を戴くようになったノルウェーの一〇〇周年を祝い、オスロを訪れた明仁天皇は、宮中晩餐会で次のような「おことば」を述べている(一九五頁写真)。

> 50年以上にわたる貴王室との交流を振り返る時、３度の貴国訪問に当たり、３代の国王にそれぞれお目にかかっていることに時の流れを感じます。本年は１９０５年貴国がスウェーデンとの同君連合を解消して独立し、ホーコン七世を国王に迎えて百周年にな

ります。私の最初の貴国訪問の時、在位50年に近いホーコン七世に親しくお目にかかったことは、この百周年を一層感慨深いものとしております。

（宮内庁ホームページ「ノルウェー摂政皇太子殿下・王妃陛下主催晩餐会（王宮）における天皇陛下のご答辞」より）

ホーコン七世（在位一九〇五〜五七年）といえば、この「おことば」にもあるとおり、独立したノルウェーの初代国王であるばかりか、第二次世界大戦中にナチス・ドイツ軍に国土が占領されたのちもロンドンに亡命し、ラジオ放送で国民に団結を呼びかけた「救国の英雄」である。

近年ではノルウェーでその折の活躍が映画にもなり、国民の七人に一人が観たとされている。しかも、晩餐会場を埋めつくしたノルウェーの貴顕たちや、主催者であるソニア王妃やホーコン皇太子でさえ会ったこともない伝説上の君主といえよう。

そのような人物から親しく接遇を受けた明仁天皇という存在に、彼ら貴顕たちが感銘を受けたであろうことは想像に難くない。この五〇年に及ぶ日本とノルウェーとの友好関係は、お互いの政府が何度交替しようと、この明仁天皇というひとりの人物の存在によっても「継続性と安定性」がしっかりと保たれているのではないだろうか。

＊　　＊

本書は、光文社新書編集部の藤あすか氏から執筆依頼を受け、藤氏といろいろとご相談のうえで書き下ろした作品である。その後、藤氏が別の部署に移られ、実質的には後任の草薙麻友子氏によって編集していただいた。草薙氏とは、同新書から一〇年ほど前に刊行した『肖像画で読み解く イギリス王室の物語』（二〇一〇年）以来のお付き合いであり、このたびも大変お世話になった。ここに感謝を申し上げる。

藤氏との打ち合わせの段階から現代の王室外交について書くにあたり、やはりその代表的な存在ともいうべきイギリスのエリザベス女王については一章を設けたいと考えてはいたが、著者にはすでに女王の生涯を描いた評伝もあるので、それとは異なる視点から書いていきたいと思うようになった。そこで「人類にとって外交とはそもそも王様同士の付き合いから始まったものではないか」との視点に立ち、今から三五〇〇年ほど前の古代中東世界から話を説き起こすという無謀な物語になってしまった。

しかし本書が、古代から現代にまで至る「王室外交」の持つ意味についてだけではなく、「外交」そのものの特質についても、その一端でも読者にお伝えできていれば望外の幸せである。

なお東アジアにおける外交の執筆については、岡本隆司《たかし》先生（京都府立大学教授）より多くのご示唆を賜《たまわ》った。記して謝辞を呈したい。

またいつも著者の執筆活動を見守ってくれている家族にも感謝したい。そして本書を、執筆中の二〇二〇年九月に他界した父、君塚重春《しげはる》に捧げることをお許し願いたい。

君塚直隆

二〇二一年二月六日　エリザベス二世即位六九周年の日に

（新潮選書、2018年）。

君塚直隆『エリザベス女王——史上最長・最強のイギリス君主』（中公新書、2020年）。

Robert Hardman, *Queen of the World* (Pegasus Books, 2019).

【第五章】

岡本隆司『君主号の世界史』（新潮新書、2019年）。

君塚直隆『立憲君主制の現在——日本人は「象徴天皇」を維持できるか』（新潮選書、2018年）。

徳仁親王『水運史から世界の水へ』（NHK出版、2019年）。

藤井宏昭（細谷雄一・白鳥潤一郎・山本みずき編）『国際社会において、名誉ある地位を占めたいと思ふ——藤井宏昭外交回想録』（吉田書店、2020年）。

舟橋正真『「皇室外交」と象徴天皇制　一九六〇～一九七五年——昭和天皇訪欧から訪米へ』（吉田書店、2019年）。

山﨑鯛介、メアリー・レッドファーン、今泉宜子『天皇のダイニングホール——知られざる明治天皇の宮廷外交』（思文閣出版、2017年）。

A・B・ミットフォード（長岡祥三訳）『英国外交官の見た幕末維新——リーズデイル卿回想録』（講談社学術文庫、1998年）。

【第三章】

岡本隆司『「中国」の形成――現代への展望』（岩波新書、2020年）。
君塚直隆『パクス・ブリタニカのイギリス外交――パーマストンと会議外交の時代』（有斐閣、2006年）。
君塚直隆『ヴィクトリア女王――大英帝国の“戦う女王”』（中公新書、2007年）。
君塚直隆『近代ヨーロッパ国際政治史』（有斐閣、2010年）。
君塚直隆『ベル・エポックの国際政治――エドワード七世と古典外交の時代』（中央公論新社、2012年）。
君塚直隆『悪党たちの大英帝国』（新潮選書、2020年）。
高坂正堯『古典外交の成熟と崩壊』（中央公論社、1978年）。
指昭博編『ヘンリ8世の迷宮――イギリスのルネサンス君主』（昭和堂、2012年）。
高梨久美子『駐英大使の見たヘンリ八世時代――神聖ローマ皇帝大使シャピュイの書簡を中心に』（刀水書房、2019年）。
David A. Bell, *Napoleon* (Oxford University Press, 2019).
Derek Croxton, *The Last Christian Peace: The Congress of Westphalia as a Baroque Event* (Palgrave Macmillan, 2013).
Paul M. Dover & Hamish Scott, “The Emergence of Diplomacy” in Hamish Scott, ed., *The Oxford Handbook of Early Modern European History, 1350-1750: Volume II: Cultures and Power* (Oxford University Press, 2015).
Michael J. Levin, “A New World Order: The Spanish Campaign for Precedence in Early Modern Europe,” *Journal of Early Modern History*, vol.6-3, 2002.
Glenn Richardson, *The Field of Cloth of Gold* (Yale University Press, 2020).

【第四章】

君塚直隆『女王陛下の外交戦略――エリザベス二世と「三つのサークル」』（講談社、2008年）。
君塚直隆『女王陛下のブルーリボン――英国勲章外交史』（中公文庫、2014年）。
君塚直隆『立憲君主制の現在――日本人は「象徴天皇」を維持できるか』

Maria Vaiou, *Diplomacy in the Early Islamic World: A Tenth-Century Treatise on Arab-Byzantine Relations* (I.B.Tauris, 2015).

【第二章】

岡本隆司編『宗主権の世界史——東西アジアの近代と翻訳概念』(名古屋大学出版会、2014 年)。

岡本隆司『中国の論理——歴史から解き明かす』(中公新書、2016 年)。

小笠原弘幸『オスマン帝国——繁栄と衰亡の 600 年史』(中公新書、2018 年)。

佐藤信弥『周——理想化された古代王朝』(中公新書、2016 年)。

髙梨久美子『駐英大使の見たヘンリ八世時代——神聖ローマ皇帝大使シャピュイの書簡を中心に』(刀水書房、2019 年)。

檀上寛『陸海の交錯——明朝の興亡』(岩波新書、2020 年)。

古松崇志『草原の制覇——大モンゴルまで』(岩波新書、2020 年)。

山影進編著『主権国家体系の生成——「国際社会」認識の再検証』(ミネルヴァ書房、2012 年)。

吉本道雅『中国先秦史の研究』(京都大学学術出版会、2005 年)。

カリエール (坂野正高訳)『外交談判法』(岩波文庫、1978 年)。

Virginia H. Aksan & Daniel Goffman, eds., *The Early Modern Ottomans: Remapping the Empire* (Cambridge University Press, 2007).

Monica Azzolini & Isabella Lazzarini, eds., *Italian Renaissance Diplomacy: A Sourcebook* (Pontifical Institute of Mediaeval Studies, Toronto, 2017).

Catherine Fletcher, *Diplomacy in Renaissance Rome: The Rise of the Resident Ambassador* (Cambridge University Press, 2015).

Isabella Lazzarini, *Communication & Conflict: Italian Diplomacy in the Early Renaissance, 1350-1520* (Oxford University Press, 2015).

Paul M. Dover & Hamish Scott, "The Emergence of Diplomacy" in Hamish Scott, ed., *The Oxford Handbook of Early Modern European History, 1350-1750: Volume II: Cultures and Power* (Oxford University Press, 2015).

主要参考文献

【本書全体に関わるもの】

細谷雄一『外交——多文明時代の対話と交渉』（有斐閣、2007 年）。

ハロルド・ニコルソン（斎藤眞・深谷満雄訳）『外交』（東京大学出版会、1968 年）。

【第一章】

落合淳思『殷《いん》——中国史最古の王朝』（中公新書、2015 年）。

河上麻由子『古代日中関係史——倭の五王から遣唐使以降まで』（中公新書、2019 年）。

澤田典子『アレクサンドロス大王——今に生きつづける「偉大なる王」』（山川出版社、2013 年）。

中谷功治『ビザンツ帝国——千年の興亡と皇帝たち』（中公新書、2020 年）。

本村凌二『興亡の世界史　地中海世界とローマ帝国』（講談社学術文庫、2017 年）。

Hugh Bowden, *Alexander the Great* (Oxford University Press, 2014).

Paul J. Burton, *Friendship and Empire: Roman Diplomacy and Imperialism in the Middle Republic 353-146BC* (Cambridge University Press, 2011).

Paul Cartledge, *Ancient Greece* (Oxford University Press, 2011).

Raymond Cohen, “On Diplomacy in the Ancient Near East: The Amarna Letters,” *Diplomacy & Statecraft*, vol.7, no.2, 1996, pp.245-270.

Raymond Cohen & Raymond Westbrook, eds., *Amarna Diplomacy: The Beginning of International Relations* (Johns Hopkins University Press, 2000).

Christopher Kelly, *The Roman Empire* (Oxford University Press, 2006).

Edward N. Luttwak, *The Grand Strategy of the Roman Empire: From the First Century CE to the Third* (Johns Hopkins University Press, 2016).

Miri Rubin, *The Middle Ages* (Oxford University Press, 2014).

Peter Sarris, *Byzantium* (Oxford University Press, 2015).

Park (2007) / CC BY - SA 3.0　https://commons.wikimedia.org/wiki/File:Olympic_Park_Cyrus.jpg?uselang=ja

p.48：Photo by Alexander Z. - Statue of Augustus (2006) / CC BY - SA 3.0　https://commons.wikimedia.org/wiki/File:Rome_Statue_of_Augustus.jpg

p.87：Photo by Alvesgaspar - St Peter's Basilica, Rome (2019) / CC BY - SA 4.0　https://commons.wikimedia.org/wiki/File:Basilica_di_San_Pietro_in_Vaticano_September_2015-1a.jpg

○地図・図版制作

デザイン・プレイス・デマンド

○地図・図版　参考・引用文献

『現代世界の陛下たち』水島治郎、君塚直隆編著、ミネルヴァ書房（2018年）

『陸海の交錯――明朝の興亡』檀上寛著、岩波新書（2020年）

『カール5世とハプスブルク帝国』ジョセフ・ペレ著、塚本哲也監修、遠藤ゆかり訳、創元社（2002年）

『よみがえる明治の東京――東京十五区写真集』玉井哲雄編集、石黒敬章企画、角川学芸出版（1992年）

【図版・写真クレジット】

○図版・写真提供
National Portrait Gallery, London
The Royal Collection
光文社『女性自身』写真部
日本雑誌協会代表取材　宮内庁提供写真

アフロ
p.163　写真：代表撮影／ロイター／アフロ
p.170　写真：ロイター／アフロ
p.173　写真：代表撮影／ロイター／アフロ
p.191　写真：アフロ
p.212　写真：TopFoto ／アフロ

ゲッティイメージズ
p.181　Photo ／ Getty Images
p.213　Photo ／ Getty Images

共同通信イメージズ
p.171　写真提供：ロイター＝共同
p.216　写真提供：共同通信社

ウィキメディア・コモンズ
p.23：Photo by ALFGRN - Sargon of Akkad on his victory stele (2020) / CC BY - SA 2.0　https://commons.wikimedia.org/wiki/File:Sargon_of_Akkad_on_his_victory_stele.jpg
p.25：Photo by Ismoon - Statue of Akhenaten (2020) / CC BY - SA 2.5　https://commons.wikimedia.org/wiki/File:GD-EG-Caire-Mus%C3%A9e061.JPG?uselang=ja
p.29：Photo by Rama - Amarna letter EA 362 (2017) / CC BY - SA 3.0 FR　https://commons.wikimedia.org/wiki/File:Tablet_official_letter-AO_7093-P5280232-gradient.jpg
p.37：Photo by Siamax - Cyrus the great monument at Sydney Olympic

君塚直隆（きみづかなおたか）

1967年東京都生まれ。立教大学文学部史学科卒業。英国オックスフォード大学セント・アントニーズ・コレッジ留学。上智大学大学院文学研究科史学専攻博士後期課程修了。博士（史学）。東京大学客員助教授、神奈川県立外語短期大学教授などを経て、関東学院大学国際文化学部教授。専攻はイギリス政治外交史、ヨーロッパ国際政治史。著書に『悪党たちの大英帝国』『立憲君主制の現在』（後者は2018年サントリー学芸賞受賞、ともに新潮選書）、『ヴィクトリア女王』『エリザベス女王』『物語 イギリスの歴史（上・下）』（以上、中公新書）、『肖像画で読み解く イギリス王室の物語』（光文社新書）、『ヨーロッパ近代史』（ちくま新書）、『女王陛下のブルーリボン』（中公文庫）、『女王陛下の外交戦略』（講談社）など多数。

カラー版《ばん》 王室外交物語《おうしつがいこうものがたり》 紀元前《きげんぜん》14世紀《せいき》から現代《げんだい》まで

2021年3月30日初版1刷発行

著　者 ── 君塚直隆
発行者 ── 田邉浩司
装　幀 ── アラン・チャン
印刷所 ── 萩原印刷
製本所 ── ナショナル製本
発行所 ── 株式会社光文社
東京都文京区音羽1-16-6(〒112-8011)
https://www.kobunsha.com/
電　話 ── 編集部03(5395)8289 書籍販売部03(5395)8116
業務部03(5395)8125
メール ── sinsyo@kobunsha.com

 ISBN 978-4-334-04527-2

光文社新書

1121

ルポ 婚難の時代

悩む親、母になりたい娘、夢見るシニア

筋野茜 尾原佐和子 井上詞子

住職がサポートする「寺コン」、親が相手を探す「代理婚活」、コロナ禍での「オンライン婚活」など、十人十色の婚活模様と日本人の結婚観を共同通信の女性記者三人が徹底取材！

978-4-334-04528-9

1122

未来は決まっており、自分の意志など存在しない。

心理学的決定論

妹尾武治

「我々の自由意志とは錯覚であり、幻想である」――心理学、生理学、脳科学、量子論、人工知能、仏教、哲学、アート、文学、サブカルを横断し、気鋭の研究者が世界の秘密に挑む。

978-4-334-04529-6

1123

ドレミファソラシは虹の七色？

知られざる「共感覚」の世界

伊藤浩介

「真っ赤な嘘」は、なぜ赤色？「いろいろ」は、なぜ「色々」？音や文字に色を感じる〝共感覚〟はなぜ生じるのか。気鋭の脳科学研究者による、ヒトの認知の不思議に迫るスリリングな一冊。

978-4-334-04530-2

1124

巨人軍解体新書

ゴジキ（@godziki_55）

ファンもアンチも日本一多い球団、読売ジャイアンツの「勝利の哲学」とは。巨人軍の21世紀のスター選手たちを振り返りながら、パ・リーグへの対抗策を考える。

978-4-334-04531-9

1125

20世紀論争史

現代思想の源泉

高橋昌一郎

現代の思想を理解するためには、20世紀の偉大な知性が議論を重ねた諸問題を踏まえなくてはならない。「教授」と「助手」が時にユーモラスに対話しながら道案内を務める知の論争史。

978-4-334-04532-6